震災と行方不明

曖昧な喪失と受容の物語

東北学院大学震災の記録プロジェクト
金菱 清（ゼミナール）編

新曜社

目次

装幀　大橋一毅（DK）

文中の断りのない写真は著者の撮影・提供による
（　）の数字は、聞き取り調査・写真撮影の年月日を表す

まえがき

金菱　清

なぜ東日本大震災における「行方不明」について考えなければならなかったのか。それは、喫緊の実践上の課題があったからである。ある女子学生からこういう問いかけをされた。「私のお父さんは、震災でいまだ行方不明だけれども、果たして本当に亡くなったのだろうか、他の行方不明者家族も私と同じような思いを持っているのか知りたい」。答えに窮してしまった。その学生は必死で堪えながら、話している最中もとめどなく溢れる涙を拭おうとしていた。

誰しもが思うかもしれない。もう9年近くも（遺体が）見つかっていないのだから亡くなったのだろうと……。しかし、当事者である行方不明者遺族は、死の定点が判然とせず、うっすらそうだろうなとたとえ思っていたとしても、亡くなったことを断定するための証拠は何ひとつ出ていないのである。けれども亡くなっていないと言い切ることもできずにいる。「行方不明」の当事者はそのことの苦しさを抱えている。家族療法家のポーリン・ボスは、それを「曖昧な喪失」と呼び、亡骸があり、葬式を経て墓に埋葬して、死を追認していくような「明確な喪失」と区分した（『あいまいな喪失とトラウマからの回復』誠信書房 2015）。平たく言えば、突然「さよなら」も伝えずに、そこから立ち去ってしまった不在者たちである。

そこには到底納得のいかない人びとがいる。第三者的立場にたって亡くなったということをたとえ伝えたとしても、それは当事者にとっては何の意味も持たない。私が寄って立つ科学も、出来事をhowとしてそのプロセスに置き換えてごまかしてきた。津波の死者たちも、科学の世界では行動的な経過に置き換えられ、一度も会ったこともない人びとから正常性バイアスなどというもっともらしい言葉によって見すぼらしい人生へと、蔑んで見られるようになったのである。

つまりは、客観的な死の説明は当事者に意味の変容を何ひとつもたらさない。脳死や心停止などの生物学的な死とそれとは異なる感知が本人の心情を通してあるということは、私たちは既存のものとは異なる死生観や宗教観を持ち始めていることを強く感じさせるのである。

先の女子学生は、震災前の自分に宛てた手紙のなかに、「今お父さんが帰ってきたら死んだことになるんだろうね。私は年月が経つとともに、お父さんが帰ってこないことを願っています。本当になってほしくないから」という風に綴っている。

災害を10年の幅で見るならば、通常のプロセスとは異なるものの、その人なりの気持ちの落ち着かせどころを得ているということを強く感じる。

そのことを裏付けるように、震災後数多く出された文学作品を拾うなかで、言語態分析者の木村朗子は、『その後の震災後文学論』（青土社 2018）のなかで、次のように展開している。すなわち、「過去の時間に属するはずの死者たちが、現在に突如、挿し入るようにして存在を現すのである。つまりここでの死者は、過去という終わった時勢からの回帰（revenant）としてではなくて、過去からひきつづき現在時に存在し続けている状態」（同上：166）として描かれている。

木村は、死者を自らのうちに取り込まずに、喪の作業の体内化の過程を拒絶し、他者を他者のままに生きている死者として持ち続けることを積極的に評価している。私たちは、科学的な視点からでなく、東北の震災では文学的内奥から紡がれる言葉を通して、現実のほとばしる場面を構成する社会について再度科学の再考を迫られているのである。そう切に感じる。

行方不明という曖昧な喪失は、突然の別れのためにさよならを言う機会すら奪われ、長期にわたってどちらつかずの葛藤状態が継続したままとなる。しかしながら人間はこのようなストレスに晒されながら一方的に負荷をかけられるのではなく、そこには受容の物語が存在する。そのことが、行方不明という主題を追求するにしたがって見えてきた。

人が亡くなって死者として過去の存在となり、過去形や過去完了形で語られるのではなく、〝現在進行形〟でその人があたかも生きているかのようにふるまう人びとの物語は、本来は存在しないものを立ち上がらせる。

「行方不明」という主題は、曖昧な状態だけでなく、それを条件として自分たちのなかでゆっくり熟慮できる時間の隙間を生み出している。通常のお葬式が肉体の滅却に合わせて足早に、当事者の納得の有無にかかわらず時間の隙間なく進んでいくのに対して、同じ祝祭でも、結婚式は授かり婚を別にして、当人同士が納得のいくように1年近くを要する時間の猶予がある。

そうであるならば、行方不明は期せずして亡くなった人がそこにいないために、自分が納得のいく際《タイミング》に送れることを意味していると読み込むことができるのではないか。納得できないうちは、自分の世界にため込んでよいともいえる。その点で言うならば、曖昧なものはそのままで即座に処理する必要はないことも、ヒントとして与えてくれている。

考えてみれば、私たちはすぐに白黒つけて処理できない大切なものを日常生活に抱え込んでいる。しかし、悶々としている対象を時間で区切って第三者から解決を求められると、ストレスの大きい状態におかれてしまうのは、日々の生活に置き換えてもわかることではないだろうか。

本書では、行方不明者とその遺族を念頭に起きつつ、その方々だけに限定せずに、東日本大震災において、あわいの世界が存在することを、各論考において見ていく。津波や原発災害によって土地や故郷とのつながりが曖昧になった人びとや、これまでの動物との関わり方が一変して明確な位置づけができなくなった人を通して、どのように折り合いをつけながら、曖昧な喪失の受容がなされるのか。大災害という宙づり状態における、人と自然の闘争領域の陣地拡大をより具体的に知ることができるだろう。

第1章　踊りの中で生き続けるもの――行方不明者と故郷と想起

新野　夢乃

福島県浪江町請戸・田植踊

はじめに――民俗芸能の復活

私の家族は現在も行方不明である。私は震災を経験し、復興の終わりはないとさえ考えている。そう強く感じさせるのは、あの日からまだ大切な家族が帰ってきていないからである。

東日本大震災から9年が経った。各地ではまた新たな災害が生まれているなか、東日本大震災も復興へと向かっていると書くメディアもいる。そう感じないのはごく一部の人間だけなのか。被災者の中でも津波で流されて何も無くなった土地に新たに建設されることに復興を感じる人もいると聞く。この9年間悔しかったのは家族が死者と同じような扱いをされることだ。なぜ当事者が死んだと断定しなければいけないのか。もちろん頭の中では父が震災で亡くなったことを理解はしている。だが、もしかしたらどこかで生きているのではないかと、ふと心の中で信じてしまう。

復興のために各地域では震災後、多くの復興イベントが企画された。私の育った福島の地域も喪ったコミュニティを戻すために、今もさまざまなイベントで盛り上げようとしている。地域に存在する民俗芸能もその一つだろう。震災後は各地の民俗芸能が危ぶまれていた。だが、現在すべてではないが、復活を遂げている芸能も少なくない。民俗芸能が行われる日は非日常であり、ハレの行事が多くを占める。非日常の高揚感に包まれる民俗芸能が、コミュニティの結束や絆を深める象徴的な存在として機能した（今石 2018）。

私の住んでいた浪江町請戸《うけど》地区は、福島第一原子力発電所の爆発により避難区域に指定されている。帰還できなくなったこともあり、以前のようなコミュニティの復活は当面見込めない状況である。それでも私の地区の民俗芸能は、震災前同様に踊りを披露する機会が数多くあった。震災前は踊りを失敗なく踊ることだけを考えていた。だが、今は踊りの型ではなく、踊りの中で行方不明の父と故郷が私の中で確実に存在するようになった。本章は、筆者自身が震災以降も続けてきた民俗芸能を通して見つけた行方不明者とのつながりを明らかにしていく。

1　請戸の田植踊

1.1　請戸地区の被災

かつて私が13歳まで暮らしていたと表現せざるをえない故郷は、福島県浪江町の海沿いに位置する請戸地区である。請戸地区は震災当時、世帯数487戸・人口1617人が暮らしていた。鮭やシラスがとれる豊かな漁業の土地であり、自家用の農業もあった。

東日本大震災で請戸は震度6強、15・5メートルの津波により127人が死亡・27人の行方不明者が出た。請戸から約6キロの位置に存在する福島第一原子力発電所の爆発により、翌日の早朝に町外へ避難（爆発は12日の15時頃）するように指示され、浪江町から住民が消えた。私自身も地震発生後、即、町役場に避難した。町に避難した際は、またすぐに自分の家に帰れると期待していた。しかし、同日の夜中に家族に起こされ、何も状況がわからないまま車に乗った。珍しく雪が降っていたことを覚えている。放射能から逃れるため福島市の親戚や母方の実家を転々としていく生活が数ヵ月続いた。

私の父は地元の消防団に加わっており、地震発生後すぐに住民の避難誘導をしていた。私が父を見たのは、揺れがおさまったらすぐに法被を羽織って、屯所に向かう後ろ姿が最後だった。それ以降、父とは連絡がつかず、さまざまな場所で父を見たという情報を聞き、行方不明という認識など全くなかった反面、どれも誤情報であるとわかるたびに不安が募った。原発の爆発により町民も自衛隊も町に入れない状態になり、請戸は津波被害を受けた直後すぐに救出作業をすることができなかった。福島県警や消防が福島原発から半径10キロ圏内捜索を開始したのは震災から一ヵ月以上経った4月14日からであり、自衛隊が半径30キロ圏内の捜索を開始したのは同月の18日からである。3月11日以来、父は帰ってこないため行方不明という位置づけにされている。

避難を余儀なくされた住民は県内、県外ちりぢりの暮らしが始まった。子どもたちも例外なく転校を余儀なくされた。知らない土地、知らない人ばかりの生活には不安しかなかった。転校先の学校では震災前の学校の友だちは今どこにいるのかばかり考えていた。会いたい気持ちが募って、震災から5ヵ月たった頃、幼なじみと会える機会ができた。再会の日は、請戸の田植踊の再開の日である。踊りの練習に誘われ、私たちはまた会うことができたのである。

1.2 田植踊とは

請戸地区に受け継がれてきた民俗芸能がある。請戸の田植踊だ。田植踊とは、田に関した芸能であり、その年の豊作を予祝し、田植え作業が表現されている「田遊び」が舞踊化したものである。東北地方に広く分布し、地区によって豊作の祈願の仕方がある（三隅 1972）。請戸の田植踊もその一つである。他の地区の踊りは小正月が多いが、請戸は毎年2月の第三日曜日に請戸地区の苕野《くさの》神社で行う安波《あんば》祭《さい》（安波様）で神楽とともに奉納される。民謡のように技巧的な唄と、県内では最も芸能化が進み、舞踏的な踊りであると評価されている（懸田 2001）。

安波祭は元々、茨城県の大杉大明神が発祥であり、海の安全を祀っていた。請戸にも信仰が広がり、安波祭をするようになった。安波祭自体は海の神様に向けての海上安全祈願、大漁祈願であるが、当時同じく信仰のあった田植踊をはじめとする相馬流山、大漁節、伊勢音頭の踊りの演目も吸収し、五穀豊穣を願う祭りになっていった。

田植踊自体は会津地方から始まり、中通り、浜通りと流れてきた。その流れから相馬郡の村上地区から請戸地区へと伝わってきたとされている。請戸の田植踊は延宝年間（1673～1680）の大凶作があった時から始まり、五穀豊穣や海上安全祈願が込められ、過去には青年団の男女や婦人会で踊られていた時期もあったが、昭和30年代頃から中高生、昭和55〜56年頃から後継者不足のために小学校4〜6年生の参加希望者が踊った。昭和40年代初めから請戸芸能保存会を結成し、現在の体制になっている。神社での奉納後は、地域内の新築や商売繁盛、踊り子の家など依頼された民家を周り踊り、最後に浜の祭場に向かい奉納する。それが毎年の流れであった（浪江町史別巻Ⅱ 2008）。

安波祭からおよそ一ヵ月後に震災は起きた。踊り子は全国に避難し、再開は見込めないと思われたが、保存会副会長の働きにより同年8月に福島県いわき市のアクアマリンふくしまで震災での犠牲者への鎮魂と復興を祈願した「海道の歴史と文化に学ぶ」という公演で踊りを披露することができた。踊りをするために避難先から集まり、遠方では新潟や東京から駆けつけてくれた。当時集まることのできる小学生だけでは人数が足りないため、当時中学生だった私なども経験者として参加する形になり、震災から9年経とうとする今も踊りは継続している。踊りの奉納、披露は50回を超えている（写真1・1）。

2　震災前との踊りのズレ

2.1　踊りの奉納と供養

地域に住民がいないいま、以前のような流れで安波祭を迎えることは不可能になった。しかし、安波祭は震災の次の年も開かれている。請戸住民のいる仮設住宅を数ヵ所周り、住民に踊りを見てもらった。住民は毎年当たり前に行われていた踊りを再び見ることができて涙し、手拍子をくれる人が多くいた。２０１７年8月には復興祈願祭と題して請戸の苕野神社にて踊りを奉納し、18年2月には元来のように苕野神社で安波祭を行うことができるようになった。

放射能や変わり果てた故郷の姿を見たくないと不参加の踊り子もいる。それでも参加する人、少数だが請戸に住んでいた人や毎年踊りの写真を撮りに来ていた人などが集まり、以前に似た形式の安波祭ができた。

踊りの奉納にはそれまでなかった祈禱がある。震災犠牲者への「供養」である。この調査では請戸の田植踊の関係者数人にインタビューをしたが、大半の人がこの想いを述べている。取材をするたびに供養の対象は誰かを聞いた。回答はみな、「津波で亡くなった死者・行方不明者」である。なかには特定の人の名前を出す人もいた。「見てくれていたらいいな」「成仏してくれたらいいな」とそれぞれが願いを口でつぶやいた。

写真 1.1　震災後初めての田植踊
踊り子は左肩に黒い喪章をつけている（請戸芸能保存会関係者撮影 2012）

震災で祖父母を亡くした踊り関係者に話を聞くことがあった。彼女も私と近い年齢であり、踊り子である。彼女も他と同じような想いがあるのかと尋ねたところ、答えは違っていた。

彼女は最近になって祖父母の死をようやく受け容れてきたのだというものであった。事実を理解し、受け容れることが最近になってからだったらしい。最近まで受け容れられなかった理由は何だろうか。彼女は話した。

「白い布で包まれた状態だったね。だから、はいって渡されても、ん?ってなるじゃん。やっぱり遺体見てないってのはでかいじゃん。弱ってるところも見てないし。だから受け容れろって言われても。自分たちが今請戸にいないから、それこそよくあるじゃん。じいちゃんばあちゃんは別な家に住んでて、自分たちはこっちに住んでますみたいな。それに近いんだよ感覚が」

「あの日を境に一気に会わなくなった人は大量にいるからそれに混合してるというか。会えなくて当たり前みたいな」（18・5・21 Yさん）。

これは私たちだからこそ受けとめられる感覚である。他の被災した地域でも未だに信じられず、受けとめられない遺族は多くいるだろう。

2.2 故郷が行方不明

浪江町は17年の3月31日から町内全域だった帰還困難区域が一部区域を除き解除された。だが、請戸地区は津波での壊滅的な被害により災害危険区域に指定され、移転促進区域となった。今後人が住むことは不可能になったということである。請戸地区は防災林と復興公園ができる予定である。故郷に行くことは可能になっても住むことはできない。私たちはまず故郷自体が「行方不明」となっていた。

故郷とは避難住民が外部の視点から見た地元であり、住民が外から見て故郷と認識したとき故郷喪失が始まる（関 2016）。今の浪江町は故郷の位置づけの方が近く、帰ることが不可能になった。家族との別れだけでなく、私たちは故郷とも離ればなれになった。彼女が話すように、私も遠くにいる感覚が未だにある。震災から2年経ち、15歳になって初めて請戸を訪れた。現在はガレキも撤去され、何もないが、当時は捜索や整備のためにまとめられたガレキの山や船ばかりだった。2年ぶりの故郷は違う場所だった。ギャップも重なり、前述のように「ここは請戸でない」という心情が生まれてしまう要因でもあった。

それに加え、行方不明者は遺骨等の死亡を表す証明がない。死の証明は、当時いた場所の証言しかない。そして3月11日から帰ってきていないという情報だけである。今回の震災での行方不明者の死亡届は震災からおよそ3ヵ月後には提出できるようになった。届出人の申述書や行方不明者の被災状況の申述書、証明書等の書類を提出すれば市区町村役場で受理される（法務省発出「東日本大震災による行方不明者に係わる死亡届の取扱いについて」より）。家族は進んで出したくはなかったが、遺族年金の受給等の生活のために提出せざるをえなかった。死亡届には行方不明になった状況や経緯を家族が書面で提出させられるが、どこにいるかは書くことはできない。まだ大地の下にいるか、海の彼方か、または生きているか。いずれにせよ帰ってこないことには違いはない。確かなのは、あの日まで請戸で過ごしていたという事実だけである。

事実を証明するにも戸籍、写真などあるが、誰もが瞬時に自身の中で事実を証明できるのは、自分の視覚でとらえた記憶だけが頼りである。記憶は自身が見たままで、望んだ姿のままで映し出してくれる。今となってはだが、望んだ姿は寂しさがある。だが密かな安心感を生み出す。ともに過ごした姿だからだ。日常での数々の記憶があるなか、非日常での記憶は通常とは異なる出来事であり、記憶に残りやすい。非日常の記憶から連想されていく、風景、人物と、つながりあう記憶の痕跡が請戸での日常を蘇らせる。安波祭は住民にとって非日常であり、田植踊を見ることで過去を想起する媒体になっている。つまり踊りの意味合いには、五穀豊穣・供養に続き〈記憶想起または未だ帰らない人と会える機会〉ととらえることができる。

3　故郷での安波祭

3.1　請戸とのつながり

請戸の田植踊は震災後から踊り子の腕に黒い喪章をつけて踊ることになった。喪章をつける行為自体は1年ほどで終わってしまったが、追悼の気持ちは変わらないと関係者は言う。それぞれの思い出があるからである。踊りの参加理由にあたって、子どもたちは同級生と会えるからということが一番多い。子どもたちの中には福島市内の学校に通う子もいれば関東に避難していた子もおり、踊りの練習に集まった日にどこに住み始めたかを知るという状況だった。住民のほとんどは何十年も請戸で暮らし、生活をともにしてきた。小さい地区ということもあり、顔見知りばかりであった。その人たちが突然、津波と原発という災害に飲み込まれた。そのような背景があるからこそ住民の毎年の当たり前であった安波祭での田植踊に追悼の意を込めたのである。

行方不明者も追悼に想いが込められている。追悼とは死者のことを悲しむ行為であり、成仏してほしいという願いも死者に対しての気持ちからである。行方不明者も死亡と推定され、そこに含められている。遺体が見つかっていないのに、死亡届は提出している。たとえ死んでいたとしても、まだ家族は請戸か海のどこかにいる。行方不明者遺族の中には遺骨が帰ってくることを願う者とこのままの現状を維持させたい者がいる。後者も存在するといえるのは私自身がそのように感じるからである。

だが、自分たちは9年近くも帰ってきていない人たちを置き去りにしてしまっていることは変わらない。住む場所は変わっても、私はまだ父をつなぎとめる請戸の人間であるという証拠がほしかった。本住所は請戸のままでも、形だけにすぎない。「請戸の田植踊」を踊る請戸の踊り子として参加することで馴染みのある住民とも会うことができ、継続することで自分の地元を証明できた。私が震災後も踊りを続けてきた理由の一つは唯一請戸とつながっていられるものだったからである。

3.2　安波祭で踊る

唯一のつながりであった踊りが2018年、保存会での目標でもあった苕野神社で安波祭を奉納することが実現した。神社の社は流され、とても小さな社が建ち、周りは草ばかり、苕野神社に残っているのは石畳と社の土台、そして流され倒れた神社の石柱だけだった（写真1・2、1・3）。踊り子は9人集まり、その中には私の同級生もいた。

田植踊を奉納する前に、神事を行い、神楽を奉納するのがいつもの流れである。私の父は田植踊とともに請戸芸能保存会に属する神楽の一員だった。請戸では神楽と呼ばれる獅子舞の奉納は安波祭では田植踊の前に踊り、田植踊と同じ流れで一日踊りを各家で披露していた。父は震災の年に初めて保存会の一員となり参加した。2010年に踊りを卒業していた私は一緒に参加することができなかったが、少しだけ楽器を演奏している父の姿を見ることがあった。父がいたのはちょうど神社手前の石畳の横である。今と違う演奏者だが重ねて見ていた。神楽が終わり、田植踊での私の出番になった。

写真 1.3　2019年の安波祭

写真 1.2　苕野神社の社跡（福島県浪江町請戸 2019）

奥にある社の土台と石畳，倒れた石柱が残っているだけである（保存会関係者撮影）

請戸の田植踊は相馬流山という踊りの演目から始まる。踊り子たちが両端から列となり踊りながら出てくる。踊り子たちの周りを円となって囲むように見守る観客を見回せた。唄い手は踊り子たちの登場位置に合わせて唄の唄詞を省略する。その日は進行具合の調整ができず、失敗した。失敗して踊り子同士で笑い合っていた。そこまではいつものような気分だった。定位置まで歩いて田植踊は開始された。

　踊りの最中は無我夢中だった。田植踊は三列に並んで構成されており、唄の節に合わせ、踊り子も合いの手を入れる。踊りの振付けは体で覚えているし、舞台のような緊張もないためか、踊っている最中に意識することはあまりない。震災後のこれまでの踊りの最中に考えるとしたら、請戸で過ごした日々の回想であった。思い出すことは、いつも決まってあの頃の日常の風景である。

　元々、林があった神社と海との間には防砂堤が作られ、神社から海は見えないが、波や浜風の音が聞こえていた。足下を見れば毎年そこに立っていた石畳があり、一緒に踊っているのは、小学生時代にともに踊っていた同級生であった。いつもと同じ唄であり、踊りの内容であるが、頭の中ではいつも浮かぶ請戸の場面でなく、暮らしていた頃の風景が広がっていた。浮かんだのは些細な部分ばかりである。

踊っている最中、神社の手前にあった鳥居、出店と賑やかな人々、家周りをする時に踊り子たちと話しながら歩く時間、安波祭の最後に、神楽も観客も再度全員が集まって踊る海の風景。毎年私が見てきた光景が浮かんでいた。まるで、私の目で見た父の神楽姿も、私が踊っていた頃の記憶も、同じ年に父と一緒に参加できたかのようだった。15分程度の田植踊は一瞬のように終わってしまった。終始自分がここまで笑顔で踊ったことはないと感じるほどの楽しさがこみ上げた。踊りを披露するだけでは生まれない何かが生まれた。そこには震災前の風景が広がり、それは私の「知っている安波祭」だった。

4　踊りを通して想起した父

人は何かをきっかけにしてあることを思い出すことがある。私の場合、きっかけは苕野神社に残っていた石畳、人、そして田植踊だったと考える。踊り自体は震災後50回以上踊っている。踊りは何度も回数を重ねたが、踊っている間は請戸を懐かしむ程度のものだった。

だが、ここまで高揚したことはなかった。笑顔で踊っていたほかにも、合いの手の声も楽しさとともに高まった。周囲からなぜあんなに笑っていたのかを聞かれるくらいだった。本当にあっという間の時間だった。もう一度初めから踊り直したいとも思った。毎年、踊りを奉納していた地である苕野神社で踊りを行ったことで、記憶の中の安波祭の風景が蘇るきっかけになったのである。

楽しさのなかで、私は近くに父がいたような気になっていた。だが、実際には父と一緒に踊りをともにしたことがない。体験していない出来事が作り上げられる現象を「フォールスメモリー現象」（越智2014）という。フォールスメモリーとは事実である記憶を思い出す際に、違う記憶と記憶がつなぎ合わさって、新たに生まれる記憶のことである。想起した記憶の断片が組み合わさって一つの記憶となる。フォールスメモリーはイメージも重要である。頭の中でイメージが促進されると、よりイメージと実体験の区別ができなくなり、フォールスメモリーへの確信性が増していく。

今回の場合に沿って考えてみる。私は石畳、踊りを囲んで見る観客、踊りの三点がイメージのきっかけとなった。視覚から感じた風景の情報が、貯蔵されていた記憶と重なり、想起された。想起とは「想い出す」ことであり、今まで蓄積された記憶の中から引き出されることである。つまり、私は踊りの最中、頭の中に今まで見た記憶の数々が浮かび上がった。あの当時の安波祭の風景、父は神楽の衣装であり、私は踊り子という実現できなかった願望の場面である。想起した記憶の複数の断片が心像、つまりイメージとなり、フォールスメモリー化したと考えられる。長期記憶にそれぞれ埋もっていた安波祭の記憶が、新たに石畳などの視覚的情報により記憶の痕跡をつなぎ合わせて再構成されたことで、一緒に踊れたという感覚が生まれたのである。しかし、私は踊りの後、それは違う記憶だと認識をしていた。嘘の記憶を本当だと信じてしまうフォールスメモリーとは違う記憶想起だった。言うなれば、フィクションの中の現実（概念的現実）を認識して想起していた。それを知りながらも、踊っていた空間は、懐かしさとともに自身が鮮明に請戸に帰れたという気持ちを抱かせるものであった。

おわりに――民俗芸能を継承する意義

２０１９年2月に請戸地区に住宅団地ができるということを、ニュースで知った。実際に造成工事中の場所を見に行ったが、請戸の居住区域から少し距離のある大平山という山を崩し、高台として建設しているようだった。居住区域だった請戸は現在、変わらぬ更地と残った数軒の家屋、そして請戸を囲むように防波堤を作っている状態である。今後人が住むことはない。港や工場が建設されているし、請戸小学校も9年近くの月日を経て震災遺構に検討答申された。変わりゆく部分もあるが、震災前のような風景、人たちを目にすることはもうできないだろう。故郷の請戸と家族は9年前から姿を消したままである。

震災後の請戸の田植踊は、請戸の存在を消さない役割を担っていた。踊りを継承してきたことで請戸の地名が残るだけでなく、住民の頭の中にも請戸の風景が残る。以前、踊りを披露した時に流した住民の涙の中には、踊りがきっかけとなった想起も含まれていたはずである。行方不明という曖昧な存在は、踊りを通して再びつながることができる。面影を残した土地跡、田植踊を通してあの頃の請戸に帰れる一時の時間が生まれた。父も同じである。請戸の地で踊ったことでふだん浮かばない過去の情景が蘇った。

当事者の目線で言うと、田植踊はあの頃の請戸に帰る道である。故郷と自分をつなぎとめてくれている。伝統を守るために民俗芸能は継承されていくというのがスタンダードな意義だが、今回の事例で民俗芸能を継承していく別の意義を見つけられた。民俗芸能から住民の過去の想起へとつながる媒体の役割を発揮しているのである。

19年2月17日に2回目の請戸での安波様が行われ、前回と同じく、神事と神楽の次に田植踊を披露した。やはり踊りはあっという間に終わり、楽しいという感情しかない。前回同様、あの頃の安波祭が蘇っていた。

観客も変わりゆく姿を感じるが、安波祭は今後も変わらず毎年2月の第三日曜に開催されるだろう。踊りが続く限り、住民たちのあの頃の景色は消えない。

参考文献

一柳智子 2018「民俗芸能の中期的復興過程における継続活動の諸相と原動力――福島県浜通り地方の三つの田植踊を事例として」高倉浩樹・山口睦編『震災後の地域文化と被災者の民俗誌――フィールド災害人文学の構築』新泉社：111-129.

今石みぎわ 2018「生きた文化財を継承する」高倉・山口編『震災後の地域文化と被災者の民俗誌』：38-52.

今村瑠美 2013『東日本大震災から生活回復への希求――福島県浪江町請戸地区の場合』近畿大学民俗学研究所

伊藤祐司 1982「記憶表像」小谷津孝明編『現代基礎心理学4　記憶』東京大学出版会：107-136.

懸田弘訓 2001『ふくしまの祭りと民俗芸能』歴史春秋出版

金菱清（ゼミナール）編 2013『千年災禍の海辺学――なぜそれでも人は海で暮らすのか』生活書院

三隅治雄 1972『日本民俗芸能概論』東京堂出版

浪江町史編纂委員会 2008『浪江町史別巻Ⅱ　浪江町の民俗』浪江町
越智啓太 2014『つくられる偽りの記憶――あなたの思い出は本物か?』化学同人
大字請戸区 2018『大字誌ふるさと請戸』蕃山房
関礼子 2016「原発事故避難と故郷の行方」橋本裕之・林勲男編『災害文化の継承と創造』臨川書店：109-125.
山内光哉 1982「長期記憶」小谷津編『現代基礎心理学4　記憶』：65-87.

第2章　なぜ津波と原発災害後も、故郷の記憶は風化しないのか
――漁師文化と海への礼儀作法

関　颯都

浪江町請戸地区

はじめに

「なんか、別世界に来たみたい。周りは全然面影がない。家がここにあっただろうという所に立てば隣の母ちゃんの声がしたり、子供の声がしたりする。そこに立つとなんだか、そこでの生活をしていたことを思い出す。でも故郷の記憶はだんだんなくなっている。奪われちゃったというか」（19・2・23　Sさん）。

夏なのに蝉の声もしない。かつて家があった場所には丈の高い草が生え、人が住んでいた形跡は全くない。東日本大震災後、故郷を去らざるを得なかった地域がある。福島県浪江町請戸は海沿いの場所に

あり、震災では千年に一度の大津波が請戸を襲った。請戸地区はほとんど流されたうえに福島第一原発の原発事故により立ち入りが制限され、その後避難指示区域に指定された。

あの未曾有の災害から約9年が経ち、浪江町の避難指示は一部解除されたが、請戸地区は立ち入ることはできるが住居を再建することはできなくなった。請戸地区に住んでいた人は故郷、帰るべき場所を事実上失った。長い月日が経過し、将来にわたって住むことができなくても、人々の故郷への想いは消えないのだろうか。

1　震災被害と記憶の風化――請戸地区と海とのつながり

1.1　〝故郷と記憶の行方不明〟

冒頭の請戸地区の住民Sさんは40年近く住んでいたが、現在も避難を続けるなかで距離的・精神的に請戸から離れてしまい、時の経過や精神の安定化とともに故郷を忘れつつある。

それに対して請戸地区の漁師たちは「みんな、なんで覚えてないのかな。普通覚えてるよね?」（19・9・23 Dさん）と言葉は違うものの、漁師全員が口を揃えて故郷の思い出は鮮明に残っていると語る。ここで両者の間に、記憶の鮮明さに差異があることに気づく。一般的にはSさんのように津波と原発事故により故郷に立ち入ることができなくなることで、記憶が曖昧になる〝時間軸による記憶の忘却〟が考えられる。しかし同じ地区にもかかわらず、漁師たちは必ずしもそうではないことがわかった。

写真 2.1　津波により流失した請戸地区旧住宅街（浪江町 2019. 8. 16）

写真 2.2　津波により流失した請戸地区旧市街地（同上）

いわば〝故郷と記憶の行方不明〟という事態に対して、なぜ請戸地区の漁師たちは故郷の記憶が鮮明なのだろうか。本章では請戸地区と海とのつながりから考えていきたい。なぜなら請戸地区で聞き取りを行うなかで、〝海〟という言葉がよく用いられていたからである。

1.2　請戸地区の地理・被害・復興

福島県浪江町は福島県浜通りの北部に位置し双葉郡に属する。２０１１年3月11日の東日本大震災は、福島、宮城、岩手を中心とした東日本全体に甚大な被害をもたらした。浪江町請戸地区は原発から約6キロ北の海沿いにあり、死者が１２７名、行方不明者27名と福島県の中でも甚大な被害を受けた。さらに追い打ちをかけるように東京電力福島第一原子力発電所の事故により原発20キロ圏内は警戒区域に指定されたため、町民は避難を余儀なくされた。

浪江町約２万１５００人の町民は全国に散り散りになり避難指示が継続するなか、復興事業として除染やインフラ復旧、生活基盤の再生が進められた。再建の見込みが立たなくなった土地は東京電力がすべて買収した。なかでも請戸地区は、津波で請戸小学校などを除くほとんどの建物を流失し、災害危険区域に指定された。住民は一時帰宅によって自宅跡に戻ることはできたが、住宅再建は禁じられ、行政主導の移転計画により請戸を離れることになった（写真2・1、2・2）。
震災から6年後、2017年3月31日には、浪江町の一部地域の避難指示が解除されたものの、19年12月現在も多くの町民が福島県内外での避難生活を続けている。請戸港も漁が禁じられていたが、2017年3月に試験操業が再開された。

1.3 記憶の風化

請戸地区の被害の特徴は、震災後〝時が止まった空間になったこと〟である。請戸地区の住民は避難先で生活をしている間、テレビの画面を通じてのみ請戸地区を見ることができた。しかし映し出されるその光景を信じられず、〝夢の中にいる〟ような感覚であったという。なぜなら彼らの記憶の中で、請戸地区は震災前のままの姿で残っていたからである。
しかし、11年11月12日、約8ヵ月ぶりに一時帰宅が許された際、〝故郷だった場所〟を見て、途方もない現実を突きつけられた。

「どんどんきれいに〔更地〕っていうか復興しているってのは目に見えてる。でも怖くて一人では行けないです。請戸に帰ってきたってだんだん思わなくなる」（19・2・23 Sさん）。

請戸地区は現在、津波でほとんどの構造物が流されてしまったことと、復興事業による開発が進み、かつての面影は全くと言っていいほどない（写真2・3）。残されているものは伸び放題に生えた雑草の脇に見える道くらいであり、請戸に数十年間住んでいた人々でさえも、何度も地図の位置情報を確認しながらその道を辿りつつ、人影のない町を進む。住民のSさんに現在の故郷に対する想いについて聞くと、次のように返ってきた。

「だんだん故郷の記憶っていうか、なくなってきているような。そこで周りの人たちに支えられて生活してきたことは覚えているんだけどね」（19・8・21 Sさん）。

写真 2.3　請戸地区旧商店街エリア（同上）

記憶が薄れていることに気がついたのは、震災後東京に避難した時であるという。当時Sさんは東京の江東区東雲にある姉の家に避難しており、東京で働いているSさんの息子もその近くに住んでいた。避難を始めて数ヵ月、家族で食事に集まり会話をした時に、あることに気づかされた。それは請戸地区に住んでいたということは覚えているものの、町の全体像や細部の記憶が曖昧であったのである。孫から請戸地区について聞かれたものの答えることができなかった。

避難先では周りの目を気にすることで、外の空間とは隔絶された自分たちの空間に閉じこもる生活になり、周囲との関係を断ってしまいがちである。請戸地区に関して話す機会がなくなり、震災から長い時

写真 2.5　請戸地区旧市街地から海側を望む　防波堤のために海が見えなくなった（同上）

写真 2.4　資材のブロック置き場となり隠された土地（同上）

間が経過した。するとふだん忘れることのなかった故郷についての記憶が薄れ、気づいたころには思い出せなくなっていたのである。

1.4　場所の記憶と記憶の風化

津波の後、過去の面影を残すものとして、震災遺構登録をめざす請戸小学校や家や神社の基礎、一部の道路を見ることで、瓦礫にまみれる町の中でも、自分のいる場所が〝請戸地区である〟と認識できた。しかし、行政主導の移住計画により全国の仮設住宅、復興支援住宅に住民が分散するなか、復興事業は進み、家屋の基礎が撤去され、請戸の土地は資材置き場の下敷きになり、見えなくなった（写真2・4）。そのため請戸地区と判断するための面影は〝海〟のみになったのである。

請戸地区には国からの復興事業計画により、高さ約7メートル、全長約6キロの防波堤が請戸漁港を除く浪江地区の海岸線前面に沿って設置された。巨大な防波堤により請戸地区側からは海を見ることはできなくなった（写真2・5）。そのため「なんか、別世界に来たみたいな。周りは全然面影がない。海は見えないし、潮の匂いもしていないみたい」（19・2・23　Sさん）と語る人もいる。

海岸線から約50メートルのところに苕野《くさの》神社がある。請戸地区の伝統芸能である田植踊を奉納する場所であり、震災前は風に乗って海の匂いを感じることができたという（本書第1章参照）。しかし防波堤ができた後、防波堤に遮られるかのように匂いがしなくなったという。いままで毎日のように感じとっていたものが突然消えてしまうと、請戸地区にいるにもかかわらず〝そこにはいないような感覚〟になる。

「海が見えないから、見えるのが当たり前だったからね、震災前までは。橋を渡る時には必ず海は見える。毎日だね、あの景色がガラッと変わったじゃない」（19・2・23 Sさん）。

Sさんは海が見えなくなること、つまり〝当たり前がなくなること〟で請戸地区を思い出せなくなったのである。

2　請戸と海の親和性

2.1　過去の思い出と請戸地区の海

忘れている記憶がある一方、鮮明ではないものの保持している記憶がある。

今から48年前の請戸は小さい村で、近所との関わりがかなり強かった。請戸地区には〝漁港町として発展してきた文化〟がある。請戸の文化についてSさんは、親しかった仲間との思い出を楽しそうに話してくれた。

「助け合いは年中あって、ほとんど魚は買ったことはない。売り物にならなかった魚でも活きが良くて、そういう魚が年中届いて、捌くのが大変だったくらい。ありがたかったねえ、いま考えると。あの新鮮な魚はいま食べれない」（19・8・19 Sさん）。

毎日のように近所の漁師から魚が届き、見返りは決して求められず、恵みを分かち合うような生活を送ってきた。ここでわかることは、かつて請戸のコミュニティでは過剰ともいえる〝近所づきあい〟があったことである。その過剰さが生まれるのは、住民と海とのつながりの深さを示していると考えられる。海からの豊富な恵みを受けることで互いに支え合うことができ、家族のような関係を築くことができた。

他にも文化として請戸地区には初盆（2月の第三日曜日）に安波祭が行われる。この伝統文化は、海からの恵みを神からの恩恵と見立て魚や酒を供え、踊り子たちが神に向けて踊りを奉納する儀式である。ふだん「恩恵」として海を感じる請戸地区の住民が、海に対して感謝と畏敬を示すのがこの儀式の目的である。三百年以上の歴史を持ち、無形文化遺産として国に登録されている（本書第1章参照）。

さらにWさんによると、請戸地区の小学校には海に関係する教育がある。また定期的に海に行き、たくさんの漁師と話した経験も教えてくれた。

請戸地区の住民の特徴として、海に関する記憶が鮮明なことがあげられる。請戸の地域空間を形づくってきたものの一つとして〝海〟があり、住民の海に対する気持ちは強いことがわかった。しかし聞き取りによれば、これまで請戸地区は津波の被害を受けることがなかった非常襲地であったという。そのため、津波は請戸地区の人々に〝恐怖〟を与えたと考えられる。突然振るわれた海の猛威に対して、住民の海に対する気持ちに変化はあったのだろうか。

2.2 海から離れるということ

震災直後、恐怖の対象として見ていた海は穏やかさを取り戻し、恐怖の気持ちも薄れていったとSさんは話してくれた。

「海を見ないというか、これは請戸には失礼なんだけどね。請戸に移住してきた先人たちによって漁港として成り立つ生活基盤ができたわけだから。すごいと思います、先人の力は。だから海と請戸はやはり切り離せない。支えてくれた海から離れるのは大変失礼だよ」（19・8・21 Sさん）。

ここで不思議なのは〝失礼〟という言葉である。一般的に場所に対して失礼という言葉は使わないと考えられる。しかしここに、請戸地区の住民の海への気持ちが離れない理由がある。では何が〝失礼〟なのだろうか。

〝失礼〟という言葉は、請戸に住んでいた住民から請戸の先人や海の神に対して向けられていることが聞き取りからわかる。〝海を見ないこと〟を請戸から離れることとするならば、この請戸の地を作り漁港町としての歴史を存続した先人や、自分を支えてくれた請戸の人たちとのつながりを断ち切ることを意味する。さらに先人たちの恩恵を受けながら生きてきた請戸地区の住民が、突然その地を去ることが〝失礼〟であるのだろう。〝海を離れる〟という行為は、請戸地区の住民にとって起こり得ないことなのである。

「浜街道のどこを走っても、どこでもこの高さだと怖い。いわき市の方まで伸びているんだけど、海が見えないっていうのは怖いですよ、逆に。たまに隙間から海が見えるとホッとする」（19・8・21　Sさん）。

津波のような悲劇的な被害を受けたとしても、長い期間、共に生きてきた海は請戸地区の住民にとって〝心のよりどころ〟なのである。そのため時間の経過に伴い気持ちが落ち着いていき、再び信頼することができるのではないだろうか。

では、この〝海〟が見えなくなり、記憶が失われてもおかしくない請戸地区の人々にとって、何が記憶の鮮明さに影響し、どのように差異を生んでいるのだろうか。

3　漁師はなぜ記憶を保持しているのか

3.1　記憶の保持

かつて請戸地区に住み、今は移転先から請戸に通って漁師を続ける方々からは、次のように聞き取ることができた。

「周囲には忘れられる記憶かもしれない。関東なんかではほとんど覚えられてなかった。でもここはそうではない」（19・8・16 Aさん）。

「請戸は長い間、ずっとその地で暮らしたわけだから忘れられないよ。周り〔福島県外〕は忘れてるんだろうけど」（19・8・16 Bさん）。

「街並み、ましてや俺らは漁業関係だから海とか、漁港の風景も〝頭ん中の絵〟ではほとんど覚えている」（19・9・23 Cさん）。

聞き取りの中で、ほかの住民からは過去となった記憶を、漁師からは記憶の鮮明さを訴える声のみを聞くことができたのである。さらに、記憶が鮮明である理由を判断しうる声を聴くことができた。請戸地区で漁師をしているCさんの聞き取りをもとに説明したい。

「道路からいうと、昔からちょっと形が変わっているような気がする。請戸の地図は頭の中にある。現実と合わせるとくるっているというか、ずれているというか。請戸の中では一番太いくらいの道路が家の前にあって、建物がねえ時の感覚なのかもしれないけど、今は道路がうんと細くなっている気がする。比較できるものがあるから太く感じていたのかなあ」（19・9・23 Cさん）。

Cさんは震災前、請戸漁港に続く大きな道路沿いに住んでいた。津波で家は流されてしまったが、家の前の道路は流されず現在もそのままの形で残っている。しかし震災前と同じ道路であるにもかかわらず、いまはその道路を細く感じるのである。これはなぜなのか。一般的に人は対象と他の物を比較することにより物の大小を決めることができる。道路沿いに家があれば、私たちの生活の中で家の大きさの尺度ができ、道路に比べて家は小さいため相対的に道路を大きく感じると考えられる。

しかし津波によって家がなくなり、道路の周りにはぽっかり空いた巨大な空間ができる。するとその空間に対して道路を小さく感じるだろう。

長い間住んでいた家に対して大きかった道路が、いまは小さく感じるということは、過去の請戸の視覚イメージを記憶として正確に保持しているために、それと現実との間に起こる感覚のずれなのである。

3.2　なぜ漁師は港にいるのか〝不思議〟な〝当たり前〟の風景

ここで一つ考えなければならないことがある。私が請戸地区に調査に行ったとき、漁港には震災前と同じように船があり、漁師の方がいて次の漁のために作業をしていた。しかしこの〝当たり前〟のように思える光景は〝不思議〟である。なぜなら請戸地区は住むことができないうえに、２０１７年までは漁に出ることも禁じられていた。そのため突然漁を再開しても、原発近くの漁港の海産物には、風評被害の問題がある。風評によって海産物が売れないリスクなどを考慮すると、漁の再開はかなり難しい。それにもかかわらず漁師たちは現在の居住地から、あまりにも〝自然に〟漁港に集まっているのである。ここにどうやら記憶の行方不明を解く鍵があると考えられる。なぜ漁師たちは請戸地区で漁を再開できたのだろうか。

家を失ったＣさんやＤさんは住める場所もないので、浪江町近くの南相馬市鹿島地区に避難した。当時は原発が爆発し操業できるような状態ではなく、漁に出たくてもどうしようもなかった。Ｃさんはその後東京に避難したが、漁を再開する道が見えず、避難生活に慣れることに専念していた。

転機は２０１５年に訪れる。Ｃさんが福島県南相馬市原町区に移住した時に、同じ請戸地区の漁師から、試験操業を手伝ってほしいと言われたことであった。試験操業とは、福島県の漁業協同組合では原発事故後、放射性物質流出の影響により操業を自粛してきたが、魚種を限定して小規模な操業と販売を再開したことをさす。

Ｃさんは長い間漁のことは考えなかったものの、友人を手伝うために船に乗ることになった。その後何回か、友人の船に手伝いに行ったが、そうするうちに自分でやったほうが良いと思うようになった。なぜなら、長い間船主として漁をしてきたＵさんにとって〝乗り子〟（他の船主の手伝いとして船に乗り漁をする人のこと）は自分に合わないと感じたこと、また漁をするにもある程度の規則はあるが、船の中心人物として〝自由に〟海を移動してきたCさんにとって、他の人の指針に沿って漁をするのは、〝慣れない体験〟であったからである。

それから2年後の17年6月、念願の漁船が完成し、Cさんは船主として請戸港から試験操業に出た。しかし風評や試験操業による制限など、まだまだ解決できていない問題が多く、震災前とは漁の内容が異なる。

「今は漁をしているってよりも、試験操業段階だから、結局調査みたいなもんだわな。制限を解除して販売を広げるための試験的なもので、本格操業じゃないのね、まだ。みんな組合の中で規則に則って出ている。自由操業がホントは良いんだぞ」（19・9・23 Cさん）。

「漁法によっては元の場所だけど、他の領域、隣の鹿島漁港のあるエリアを貸してもらって操業している。獲れるものは同じで、今は〔原発から〕20キロ圏外の操業をしている。時間が制限されていて、出港時間も朝2時出港で朝8時に市場に〔魚を〕出すように戻る」（同）。

市場復帰のための試験操業では、所属する漁協から漁師にいくつかの制限がかけられる。Cさんの場合は、①漁をする場所、②獲る魚の数、③設置できる網の数、④出港、帰港の時間を制限されている。そのため震災前のような〝自由な漁〟はできていない。このことはCさんのみならず、原発に近い請戸地区の漁師全体にあてはまることである。では、なぜ制限があるにもかかわらず、Cさんは漁を続けるのだろうか。

3.3 制限を超えた海への心

請戸地区の漁師たちは、原発事故によって、震災前と同じ漁ができない状況にある。そのため「原子力損害の賠償に関する法律（原子力損害賠償法）」により、東京電力の無過失責任と免責条項（異常に巨大な社会的動乱）によって漁業補償の賠償金を受け取ることになった。船を持つ漁師のみがこの賠償を受け取れるという。そのように聞くと賠償目的で船を作ったのではという指摘が予想される。しかし請戸地区の漁師たちは賠償金の受け取りを目的としていない。

「賠償をもらうよりも、自分で漁をして、せいせいと仕事したいわな。規則で閉じ込められてるけど、オカ〔陸〕で仕事はできねからな。〝ふな〔船〕もん〟はオカの仕事なんかできないんだよ。〝オカのかっぱ〟ではないんだけど、できなくてみんな三日もしないうちに仕事抜けてきて、やってらんねえって言って帰ってくるのさ。やっぱオカの土いじりなんやほんなのは飽きて、できねんだな。勝負の世界が違うから」（19・9・23 Cさん）。

震災と原発災害によって、〝生業〟としての漁師の姿が消える可能性まであったのである。漁師はオカで仕事はできない、しかしそうせざるを得ない状況におかれて、Cさんは漁師に戻りたいという希望を心の奥底に押し隠すところまで来ていた。しかし漁師として復活できたのは、請戸地区の漁師仲間がいたことである。漁師は漁においては〝単体〟で動くものの、請戸地区では共に生きる〝仲間〟として動く。このような〝ウミ〟と〝オカ〟の「区切り」を明確にするのが、請戸地区の漁師たちである。

請戸地区の住民が〝オカ〟で生きるのに対して、漁師は〝ウミ〟で生きている。そのため漁師が〝オカ〟の仕事を生業とするのは不可能であり〝ウミ〟に帰る必要があった。

「試験操業にしろ、気分的にはやっぱり……いいよな。まあ満足した仕事、漁ではないけども、操業している、仕事しているって感覚からするといいよな、やっぱやってて良かったわな」(19・9・23 Dさん)。

〝オカ〟で生きているのにもかかわらず、関係を絶っている〝ウミ〟によってお金を得ることは〝受容しがたい現実〟である。しかし制限はあるものの、漁を続けることで震災前の日常に戻り、海からの恩恵でお金を得る。そして海にいることに喜びを感じ、死ぬまで漁を続けるという請戸地区の漁師文化を〝自然に〟守るように生き続けている。元の操業状況ではないものの、海に戻りたいという心が風評への恐れを超えて漁師を海へとつき動かしているのではないだろうか。

4 円環的時間世界を生きる漁師

4.1 住民と漁師の時間観

ここで漁師の海への回帰が、震災前の日常へ戻るための過程であると考察したい。彼らの中での〝ウミに戻りたい〟という気持ちは〝震災前の請戸地区の生活・時間間隔に戻りたい〟と同義ではないだろうか。まず震災下の住民と漁師の生きる〝時間世界の違い〟を示し、その差異と〝ウミ〟へ戻るプロセスの違いから、記憶を保持できる理由を、考察したい。

「ここ〔避難先〕に来たらすごい、周りの目がすごい。ほんとの自分を出せないというか、部屋でテレビ見てるくらい。お互い困ったときに助け合うことはこういう場所では難しい、一番怖いところだよね、具合悪くても話せないことかな」（19・8・23　Sさん）。

上の言葉は請戸地区の住民の方から聞くことのできた話である。全国に拡散した請戸地区住民との再結集は難しく、Sさんは避難先での生活に慣れようとした。しかし、地区が異なる人と関わることは難しいと感じ、自己の内部に閉じ込もって生きる道を選択した。現在Sさんは一人で過ごしており、今後の生活に不安を感じているという。

このような過去から未来への志向の変化は、直線的時間世界を生きているといえる。直線的時間観とは、過去から現在を経て未来へと直線的に流れていくとイメージされる時間観である。未来へ向けて絶えず自己の乗り超えを行うこの時間世界は、未来は現在にとって未知の領域であるため、絶え間ない〝不安〟に包まれることになる。請戸地区を離れ、未来への生活に進む住民は、過去に帰ることができない、まさに先の見えない未来に不安を持っている。

それに対し漁師は震災前と同じ海で生きている。そのため住民に比べて、漁師はこれからの未来に肯定的なように思えた。なぜなら住民が未来志向に転じ、今後の生活に不安を感じているのに対して、漁師は震災前の請戸地区の時間を継続しており、今後の漁について楽しそうに話してくれたからである。つまり漁師は東日本大震災という〝直線的切断〟を何とか超えて、震災前と同じ生活・時間を過ごしているから、これからの未来に喜びを持てるのではないだろうか。

漁師は円環的時間世界を生きているということができる。過去の生活の繰り返し、漁師の生活・時間の管理を復元しているのである。

4.2 円環的時間と漁師

円環的時間とは、季節が《春→夏→秋→冬→春→……》と繰り返す、または夜がまた朝《夜→朝→夜……》になっていくように、時間とは「円環」するもの、つまり「終わりはまた始めにつながっていく」という時間観である。請戸地区の漁港において、漁師は震災前の時間間隔に再び戻り始めようとしているのではないだろうか。

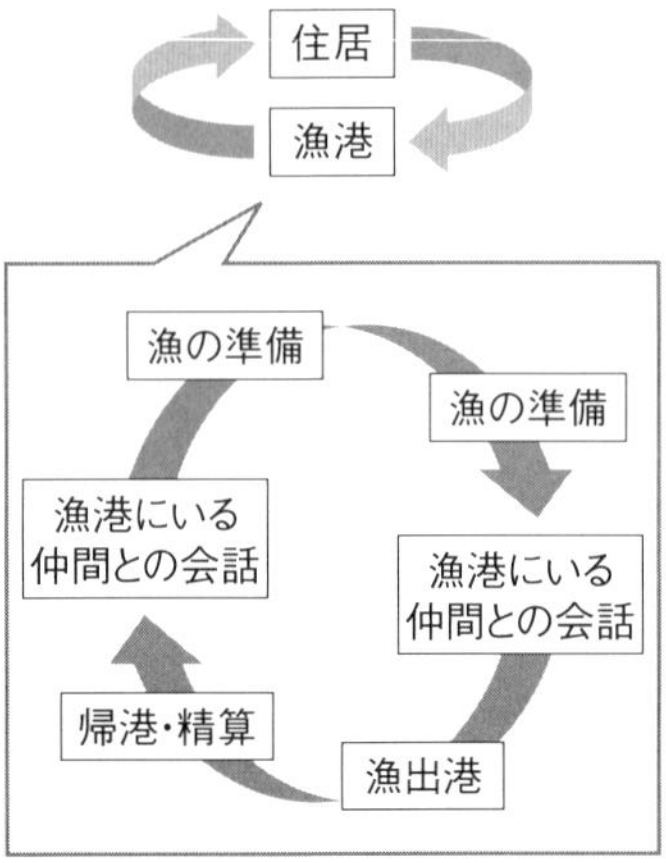

まず生業としてのサイクルがある。漁師は震災後も海とともに生きてきた。そのため一年の中で仕事の日は、《海→住居→海→……》という循環した生活をしている。

そして聞き取りによれば、漁港では《漁の準備→漁港にいる仲間との会話→漁出港→帰港・精算→漁港にいる仲間との会話→漁の準備→……》という漁師の循環した生活をしている。この流れは震災前とほとんど変わらないという。

このように請戸地区の漁師は〝震災前の請戸地区の時間に近い感覚〟で過ごしている。そしてこの循環の中にある〝漁師同士の会話〟が記憶の鮮明さに関わっていると考えられる。

5　記憶を保持する漁師文化

5.1　漁師の〝延長する会話〟

震災前の請戸漁港の活気が戻りつつある。請戸地区も年齢により引退する漁師が多数いたものの、震災前の約3分の1の漁師が漁港に戻ってきている。漁港には「浪江町の復興は請戸漁港から」と書かれた大旗が掲げられ、29隻の漁船が停泊している。

震災直後の一時帰宅のときに漁師たちは請戸地区に帰り、自分の船を見るために漁港に戻ったとき漁師仲間に会うことがあった。漁港では会話が起こり、久しい再開を喜ぶような話をした。

震災直後から、居住制限が解かれた後の今日まで、漁師は漁港に集まり、震災前と同じように会話をしてきた。この漁師仲間の会話は、震災後から継続され、懐かしい故郷を想起することにつながっているように考えられる。

なぜなら漁師たちが交わしている会話は〝ただの世間話〟ではないように思えたからである。特徴的なのは「〇〇さんはお変わりありませんか」という挨拶が漁師から始まり、家族、友人、近所話、愚痴、仕事に至るまで長々と確認されていくような点である。筆者はこれを〝延長する会話〟と定義する。

さらに漁師の請戸地区との〝つながりの範囲〟を考察することで、記憶の鮮明さに違いが見られた理由がわかる。

5.2 漁師の〝お決まりの所作〟――請戸とのつながりの違い

Cさんはほかの住民と漁師の請戸地区とのつながり方の違いを次のように話してくれた。

「住民も漁師も基本単体だけど、漁師はつながりがあるんだよ。声掛けでもなんでもな。他はたまに挨拶するようなもんだ。見ているど稲刈りって一人でやる、他の人と会話しないんだ、自分のところだけを一生懸命やるから。でも漁師は明日どうするって話しながら、自分の家庭とか近所の話をするからつながりがうんと広がる。住民は隣近所くらいだろ」（19・9・23 Cさん）。

このつながり方からは、2節で述べた請戸地区の住民同士のつながりは強かったものの、近隣に限定されていたことが理解できる。しかし漁師は近隣のみならず、遠方に住む漁師の話を聞き、多様な会話の内容を通して請戸地区全体について知ることができた。請戸地区とのつながりの違いは、住民にとっては〝近所〟という限定された空間のつながりであるのに対し、漁師の〝延長する会話〟は請戸周辺の環境を含む〝地区〟全体を包括する広がりにある。

「私なんかは全く知らなかった人なんだけど、話は聞いていたから気さくに話せるというか。進水式で手伝ってもらった奥さんなんかも知らなかったけど、仲良くなれたよね」（19・9・23 Dさん）。

一般的に考えれば、会ったことも見たこともない人を知っているということはありえない。しかし請戸地区の漁師たちは、ある人の話題が出ることで、間接的にその人を知ることができる。したがって初対面でも、その人と抵抗なく気さくに話せる。漁師は漁師や住民と〝延長する会話〟を通して記憶を蓄積し、請戸地区との住民のつながりの範囲を広げることができたのである。重要なことはこの〝延長する会話〟は震災直後に特有のものではない。避難指示区域の指定後も、漁港が再開され約3年が経つ現在も続いている。この〝延長する会話〟により震災前や震災後も、請戸地区全体を間接的に知ることができた結果として、記憶を保持できたのではないだろうか。

漁師は震災前と同じ海を見て、海産物を獲り、漁港に戻り仕事を終えて漁師仲間と話す。この漁師の生き方の一連の流れは〝お決まりの所作（ルーティーン）〟になっており、漁師の〝延長する会話〟を継続させてきた。この偶然にも継続された漁師の過去の時間が記憶の鮮明さに大きく影響を与えると考えられる。

5.3　記憶を保持する漁師文化

〝お決まりの所作〟が、もし途切れているとすれば、この連続性が震災後の記憶の保持に役立つと言い切ることはできない。そのためCさんやDさんの現在までの生活実践を分析していく必要がある。震

写真 2.6　漁を再開した請戸港（同上）

災前と現在のCさんの漁師としての生活は、連続しているだろうか。

Cさんは震災前と同じように請戸漁港に魚を水揚げし、市場に卸している。3節で述べたように、Cさんは漁をする海域、獲れる海産物について、話してくれた。Cさんは漁の方法により震災前と同じ海域、あるいは原発から遠い鹿島漁港の近くで漁を行っている。Cさんは〝直線的切断〟ともいえる震災や避難による中断を挟んで、震災前と同じ海で、同じ海産物を獲る生活が復活している。

5.4　請戸で継続する〝共助の文化〟

また、Cさんは現在家族と暮らしている。たくさんの海産物の恩恵を受けつつも、〝きずもの〟といわれ売ることができない魚が大量にある場合、家族ではとても食べきれない。そのため家に漁師の友人や近所の人を招いて料理をふるまうことがある。実際、筆者もCさんのお宅に直接聞き取りに行った時に、ご馳走をふるまってもらった。これは過去の請戸地区にあった漁師や住民の〝共助の文化〟によるつながりである。無償で料理をふるまい合うという請戸地区の文化は、確かに続いているのである。

私がSさんから聞いた請戸地区の〝共助の文化〟について、Dさんも話している。

「魚を配るのは日常茶飯事だった。売り物になんないようなのとかな。これからだと鮭とか大量に上がるわけだ。やり取りは日常茶飯事で自然体な訳だ」（19・9・23 Dさん）。

このように、一度は海から離れたものの試験操業に出ることで、漁師としての生活は確かに震災前から続いている。このことを確認したうえで漁師の円環的時間世界が今も続いているといえるだろう。円環的時間観により過去の生活が循環し、〝延長する会話〟が生まれる。

つまり〝延長する会話〟は、震災前と同じ時間間隔に戻ろうとする漁師の円環的時間世界から生まれた〝意図せざる結果〟であり、この震災前と同じ漁師としての生活が、偶然にも、請戸地区全体を思い出すための記憶を保持する装置として働いていると考えられるのである。

おわりに——海への礼儀作法

「生活の一部かな。海と共に生きてきた請戸だから。請戸の海というのはそれだけな、みんな感謝して生きてきた。全員、農家の人でも外から来た人でも」（19・8・19 Sさん）。

請戸地区は慣習的に海とのつながりが深い地域であり、昔から海と生きる文化が続いてきた。漁師にとって海は〝生業〟であり、住民にとって海は〝恩恵〟の場である。年間を通して行われる請戸地区の行事も海に関わるものが多く、日常的に海との関わりを持ち続け、さまざまな形で海の恩恵を感じてきた。2節で述べたような請戸の住民の海への気持ち、失礼という言葉に表れる海への礼儀作法、海に感謝する心は、震災前後で変わらない。潮の匂いや波の音、共に生きる海を五感で感じとることで、請戸の住民は〝請戸にいる〟と認識できるのである。つまり請戸で生きるということは〝海を感じること〟といえる。

しかし震災後、漁師も住民も、請戸地区を離れざるを得なかった。このことは、これまであった請戸地区のコミュニティ、さらには日常的に感じてきた海と離れることを意味する。

住民の記憶の保持に関して重要なことは〝話すこと〟である。請戸について話すことで過去を懐かしみ、記憶を整理できる。しかし、虚無の風景のみがそこにあり、海の眺めも匂いもなく、距離的にも遠い故郷に、住民の足は遠のく。請戸地区に関して話す機会がなくなり、記憶が薄れていくのである。

それに対して漁師は震災前と同じ請戸地区の海を感じることができる。震災前と変わらない海を船で進み、漁をして、港に戻ると漁師仲間がいて、会話する。そして話が一段落すると家に帰る。漁師は震災前と同じ生活、つまり円環的時間世界を生きており、その中で〝延長する会話〟が継続していることがわかった。

津波と原発災害後の請戸地区は故郷の面影を失っている。そのため住民も漁師も、現在の請戸を故郷と感じることはできない。しかし漁師は海に出て震災前と変わらない請戸地区の海を感じることができる。海は特殊で普遍的にあり続け、時の経過とともにいつもの穏やかさを取り戻した。震災という事態に対し、偶然にも続いた海と共に生きる文化により、人は震災前と変わらないふだんの請戸を感じ、鮮明な記憶を保持することができるのである。

参考文献

一柳智子 2018「民俗芸能の中期的復興過程における継続活動の諸相と原動力――福島県浜通り地方の三つの田植踊を事例として」高倉浩樹・山口睦編『震災後の地域文化と被災者の民俗誌――フィールド災害人文学の構築』新泉社：111-129.

今石みぎわ 2018「生きた文化財を継承する」高倉・山口編『震災後の地域文化と被災者の民俗誌』：38-52.

今村瑠美 2013『東日本大震災から生活回復への希求――福島県浪江町請戸地区の場合』近畿大学民俗学研究所

伊藤祐司 1982「記憶表像」小谷津孝明編『現代基礎心理学 4　記憶』東京大学出版会：107-136.

懸田弘訓 2001『ふくしまの祭りと民俗芸能』歴史春秋出版

金菱清 2016『震災学入門――死生観からの社会構想』ちくま新書

金菱清（ゼミナール）編 2013『千年災禍の海辺学――なぜそれでも人は海で暮らすのか』生活書院

金菱清（ゼミナール）編 2016『呼び覚まされる霊性の震災学――3・11生と死のはざまで』新曜社

三隅治雄 1972『日本民俗芸能概論』東京堂出版

浪江町史編纂委員会 2008『浪江町史別巻Ⅱ　浪江町の民俗』浪江町

越智啓太 2014『つくられる偽りの記憶――あなたの思い出は本物か？』化学同人

大字請戸区 2018『大字誌ふるさと請戸』蕃山房

関礼子 2016「原発事故避難と故郷の行方」橋本裕之・林勲男編『災害文化の継承と創造』臨川書店：109-125.
鈴木眞理 2015『社会教育の基礎 —— 転換期の社会教育を考える』学文社
山下祐介・市村高志・佐藤彰彦 2016『人間なき復興 —— 原発避難と国民の「不理解」をめぐって』ちくま文庫（2013 明石書店）
山内光哉 1982「長期記憶」小谷津編『現代基礎心理学 4　記憶』: 65-87.

浪江町の歴史と東日本大震災
http://www.f-smeca.com/wp/wp-content/uploads/2015/08/2011cyousakenkyuu03.pdf（2019.8.27 閲覧）
浪江町の被害　https://www.town.namie.fukushima.jp/uploaded/attachment/8401.pdf（2019.9.2 閲覧）
福島復興の歩み〈第 24 版〉新生ふくしま復興推進本部
https://www.pref.fukushima.lg.jp/uploaded/attachment/307014.pdf（2019.9.2 閲覧）
福島県における試験操業の取組　http://www.fsgyoren.jf-net.ne.jp/siso/sisotop.html（2019.12.20 閲覧）

第3章　ある行方不明家族の〝もやいなおし〟

——旅をする父、娘を身近に見守る父母

宮城県美里町・石巻市門脇

牧野　大輔

はじめに

朝、いつものように仏壇の両親の写真に向かって話しかける。「おはよう」「そっちは元気でやってる？」「旅行はどう？」。両親の姿はなく、仏壇の写真ゆえにもちろん返事はない。「形じゃなくて想いだと思うけどね。遺骨はなくとも誕生日とかには花を添えてあげたり、供物供えたりとか、死ぬまでそういうのはしていくと思う」。女性は笑顔で話す。そして、今日も写真の中に映る両親との会話を交わす。

あの日から10年。その日が近づいている。２５００人を超える人がいまだ家族のもとに帰ることができていない。また、それと同じか、それ以上の遺族が家族の帰りを待っている。この9年近くの年月を

通して、いまだ行方不明となっている家族に対して、遺族はどう向き合ってきたのか。向き合い方や考え方は、遺族一人ひとりによって異なるものだろう。年月の経過は遺族の考えにどう変化をもたらしたのか。

ある遺族の話から、行方不明となっている家族に対する前向きな想いがあることがわかった。なぜこの遺族の方は前向きに、行方不明と向き合うことができているのか。本章では、遺族への聞き取りから、行方不明における喪失への向き合い方を考察する。

1 〝行方不明〟と向き合うこと

1.1 行方不明者と遺族

社会学者の中森弘樹は「行方不明者の家族が行方不明に対してどのように対応するかで、その行方不明の展開や、行方不明者が発見されるか否かも大きく変わることが想定される」（中森 2018: 200）とし、震災における行方不明者の問題について、その家族（遺族）の存在は無視することはできない、非常に大きな意味を持つものだと述べている。

家族の誰かが行方不明者になったとき、遺族はその行方不明家族にどう向き合うのだろうか。もちろん遺族一人ひとりの向き合い方が存在するが、あくまで一般論として考えた場合、行方不明者になるということは、生か死かの境目に存在し、どちらにも属さず彷徨うことになる。

金菱清は「不可逆な生物学的死と、『死んではいないのではないか』という可逆的な if の未死の間を遺族は揺れ動くことになる」（金菱 2013: 108）と述べ、家族の遺体が見つからないことが、遺族にとって死をリアリティのないものとしてしまう。そうなることでどうしても心の整理がつけがたく、時間の経過とともにもう亡くなっているだろう、せめて遺骨だけでも帰ってきてほしい、と思う半面、どこかで生きていてほしい、いつかふらっと帰ってくるんじゃないかといった気持ちにもなる……。震災後、行方不明で捜索届が出されていた男性が、県外で生存していたというケースが実際に2018年にあった。生と死、二つの想いの中で遺族も迷い、なかなか家族の喪失から立ち直れず引きずってしまう、いわゆる「サバイバーズ・ギルト」（生き残ったことの罪悪感）のような状況に陥ることが考えられる。

1.2　震災直後

宮城県美里町在住の本田律子さん（60歳）は、津波によって父の笑《わらう》さんと母の繁子さんを喪った。母は震災直後に遺体が見つかったが、父は2020年現在もいまだ行方不明となっている（写真3・1、3・2）。

震災当時、宮城県石巻市に住んでいた本田さんは、当時勤めていた会社にて被災した。数日間は会社から出ることはできず、その間は両親との連絡はおろか、この震災の被災状況すら把握できなかった。そして3月14日に会社から出ることができ、日和山から実家のある門脇《かどのわき》町の街を見たとき、初めてこの震災の凄まじさ、恐ろしさに直面した。そこから両親の捜索を開始することとなる。市内の避難所をとにかく回り、両親の名を呼んだ。しかし、いくら呼んでも返事はなく、両親の姿はなかった。認めたくない現実がそこにあった。少しずつ両親の死を意識するようになる。

写真 3.1　本田律子さん（宮城県美里町 2019.10.21）

写真 3.2　写真の中の父・笑さん（左）母・繁子さん（右）

3月25日、遺体安置所で母の遺体を見つける。最初は疑心暗鬼だった母の死。だが隣にいた妹の「お母さんだね」の言葉と、そのとき初めて見る妹の涙で、目の前にいるのが本当に母なのだと、これは現実なのだと実感した。見つかったのは母だけであり、父の遺体はそこにはなかった。父は仕事によって指を2本失くしており、遺体の判別は容易だった。しかしながら、探せど探せど遺体は見つからない。ほんのわずかながら、父が助かって記憶喪失などでどこかに行っているのではないか？という想いもあった。

父の死と生という二つの想いの中で、本田さんは迷っていた。だが遺体が見つからないまま、時間の経過が父の死というものを現実的にしていく。遺体がないにもかかわらず死に直面することで、つらい気持ちになっていったが、特に本田さんにとって、父は「もぞかった」（方言でかわいそう、おとなしいなどの意）ため、必死に捜索を続けた。そしていつしか、行方不明の父に対して、「お父さんは魂になってどこかでお母さんと一緒に旅行しているんじゃないか？」「遺骨が見つからないのは娘に対するお父さんの思いやりなのではないか？」といった考えを持つようになった。

本田さんは、父の行方不明をとても前向きにとらえている。前述の通り行方不明は気持ちの整理がつけづらい。なぜ本田さんは行方不明に対してこのように前向き、ポジティブに向き合うことができるのだろうか。本田さんの「父の旅」という考えに着目し考察していく。

2　旅と行方不明

2.1　父の旅

本田さんが父の行方不明を「旅」ととらえるようになった理由は二つある。ひとつは震災後に流れた、とある報道である。東日本大震災の津波によって多くの家具や船が海に流された。日本国内では沖縄、海外ではハワイに、三陸海岸の小型船が漂着したというニュースが報道されている。遺骨や遺体も他県や他の地域で見つかるケースもあった。それらのニュースを見たとき、最初の反応はここまで流されているのかといった驚きのみだった。

しかし、父の遺体や遺骨が見つからない状況が続くなかで、それらのニュースと照らし合わせて「父は自由な魂になって、いろいろなところに旅に出ているんじゃないか?」と思い始めるようになる。そして、そういったニュースが流れるたびに「今日はお父さん、○○に行ってたんだね」と考えるようになっていく。

もう一つの理由は、両親の生前に一度も家族旅行をできなかった後悔があったことである。後述する震災前の家庭の事情から、家族みんなで旅行をするという機会はほとんどなかった。震災直前には両親が家におり、妹の家族が落ち着き、そろそろ両親を温泉旅行などに連れていきたいと考えていた。その矢先に大震災が起こり、その願いがかなうことはなかった。そのため、本田さんには、両親を家族旅行に連れていくことができなかった後悔と、せめて両親は二人一緒で仲良くしてほしいという願いがあった。この両方をかなえることができたのが、「旅」という考えだった。

ではなぜ本田さんは、行方不明の父への向き合い方に「旅」を持ってきたのだろうか。そこには、行方不明という存在の特徴に理由があった。

2.2 自由な魂

行方不明という存在は、生の世界にも死の世界にも属さない。言い方を変えれば「自由」な状態にあるともいえるだろう。仏教的な考え方をすれば、亡くなってから四九日は死者の魂は現世とあの世を自由に行き来し、七日ごとに一回、計七回に分けて閻魔大王様などからあの世での行先を決めるための裁きを受ける。そして七回目の四九日目に行き先が決まる。魂をより良い方向に導く意味でも、日本ではこの四九日の法要は、遺族にとっても重要な法要の一つとされる。しかし、行方不明となった魂はどうだろうか。遺族からみれば、生と死のはざまにいる状態であり、極端な場合、人によって魂は永遠に自由であるといってもいい。

旅は決して行きっぱなしではない。自由に出て、自由に戻ってくるものである。そういった観点からも、本田さんの父に対する「旅」という解釈は、行方不明ならではのものであろう。本田さんの父の旅は決して死出の旅ではない。ある時は生前にかなわなかった旅行として、沖縄にもハワイにも行くことができるし、ある時は近くで本田さんを見守っている。まさに「絶妙な距離感」を保っているといえる。旅という解釈が、行方不明という曖昧な状態の魂と現世の人をつなぐ一つのツールを生み出した。本田さん自身も、旅という話題があるからこそ、両親と会話をすることができると話す。

しかし、本田さんは行方不明の父に対して、急に「旅」という解釈に至ったわけではなく、まずは両親の喪失に向き合う必要があった。

2.3 葬儀という決断

父と母の死のどちらがよりつらいか、優劣をつけることは当然できない。しかし、本田さんと性格の似た自由奔放な母よりも、物静かで多くを語らず、実は娘想いだった父の死が、本田さんにとってはつらく、受け容れがたい現実だった。

11年4月末には山形で母の火葬を行った。その時点ではわずかながら父の生存の可能性を捨てきれなかった。そんなとき、檀家であるお寺から葬儀の相談を受ける。その内容は「父と母一緒の葬儀をあげてはどうか」というものだった。もちろん、遺骨のない葬儀をあげることに最初は抵抗感があった。しかし、住職さんの言葉が心の迷いや重しを取り除いて軽くしてくれた。「見つかったら見つかったで、それはいいことだ。だけど、葬儀をあげないのでは、ご両親の魂は苦しんでしまう」。

本田さん自身の心も迷い苦しんでいる。しかし、長い間迷っていては両親も苦しむことになってしまう。自分のため、そして両親のため、二人揃って葬儀をあげることを決意した。本田さんにとって葬儀は一つのターニングポイントとなり、迷いの気持ちを昇華させて、不安や悩みはスッと和らいでいった。では本田さんにとって、両親の葬儀はどのようなものだったのだろうか。

2.4　曖昧〝ではなかった〟別れ

行方不明者遺族にとって最もつらく、解決、整理すべき問題としてあげられるのは、行方不明者本人との明確な別れができないことではないだろうか。ご遺体との対面はもちろんなく、火葬や葬儀をするにしても家族の死を身をもって実感することができず、仮に葬儀をあげて、亡くなったと考えつつも、どこかで認めたくない気持ちもある。

遺族を苦しめる要因の一つとして「あいまいな別れ」があげられる。臨床看護学者の小林珠実は、日本における遺体観において、「遺体のない儀礼は、遺族にとってはおおきな苦悩であり、日本人は遺体を丁重に扱い、その人らしい顔を残すことへのこだわりがあることも指摘されている」（小林 2012: 97）と述べ、遺体の有無が遺族に与える影響が大きいことを指摘している。

震災直後には、一般的な葬儀よりも、家族や親族のみで行う小規模な葬儀が多く執り行われた。行方不明においても、葬儀というよりは、一種のお別れ会や送別会という形で遺族の意向を聞きつつ、お別れの機会が設けられた。だが、故人との明確なお別れをする場、一つの心の区切りとして行う「葬儀らしからぬ葬儀」は、遺族にとってむしろ死者を曖昧にすることもある。だからこそ、行方不明者遺族の中にはあえて葬儀をしないという選択をする人もいる。

だが、本田さんは行方不明である父の葬儀をあげる決断をした。本田さんの両親の喪失に向き合うことができた大きな要因に「葬儀」があった。それは当然遺体のない葬儀であるにもかかわらず、曖昧な別れではなかった。両親ともに葬儀を行い、しかも父は行方不明という事実を周囲に伝えるのは、もちろん本田さん自身にも不安があった。だが実際には、親族をはじめ両親の知人や本田さんが当時勤めていた会社の社員の人たちも参列してくれた。それは震災直後の五月初めという時期でありながらも、普通の葬儀と変わらない盛大で立派なものだった。両親との明確なお別れの機会があったことは、本田さんが両親に対して前向きに向き合うことを支える一助になった。

3　喪失から生まれた身近な存在

3.1　身近な存在との会話

人が亡くなったとき、その人が実際にいないために、家族にとってどこか遠い存在になるだろう。しかし、喪ったはずの両親がより身近な存在に感じるようになったと、本田さんは語る。

震災を通して家族を身近に感じるということは、筆者自身も経験がある。筆者も東日本大震災で母親を亡くした。しかし母はつねに近くにいて、見守っている存在であると、言葉に出さずとも家族全員が共通認識としている。明確な根拠はないが、感覚的に、自然にそういった考えになっていた。母が見ているという感覚は、時に安心感を、そして悪いことや失礼なことができない、後ろめたいといういわば監督役のような感覚がある。だが、やはり震災以前のような身近さからは程遠いものである。だが本田さんの場合は、両親との距離感がとても近いということがわかった。

震災後、毎朝両親と会話をする本田さん。挨拶から始まり、「そっちは元気でやってる?」「旅行はどう?」いたって普通の会話だが、一つ違うのはそこに両親の姿はないことだ。もちろん両親からの返事もなく、本田さんからの一方的な問いかけのように思える。しかしそこには確かに「会話」が成立し、

写真 3.3　両親と「会話」をする本田さん

「家族の姿」がある。写真の中の両親とのコミュニケーションが、両親を震災前よりも身近になったことを支え、父と母のことをじっくりと考える「機会」をつくった（写真3・3）。

他にも両親を身近に感じる例を聞くと、震災後のある日、朝寝坊しそうになったとき、母の「律子！　起きなさい！」の声で起こされたことがあった。ふだんの生活の中でも、車の運転などで、危ない！　と思った時に無事だった場合などは、とっさに両親が守ってくれたなと感じるなど、本田さんにとって両親は非常に身近な存在であることがうかがえる。

他にも、本田さんは震災後に結婚をして現在の美里町に移った。本田さんは話す。

「〔結婚に関しては〕両親が今の旦那さんと引き合わせてくれたのかなと感じるね。私一人でさみしいんじゃないかと見た両親が、あっちの世界から引き合わせたのかなって」（19・5・21　本田律子さん）

「いつも両親は見てくれている。だからこそ元気でやっている姿を見せて二人を安心させたい」（19・5・8）。

いないはずの両親は確かにそこにいる。なぜ本田さんはここまで両親を身近に感じるようになったのか。気になったのは震災前「より」身近になったという点だ。

3.2　家族の姿

本田さん自身は記憶に薄いと話すが、写真や幼少期の話を聞くと本田さんはお父さんっ子でいつも父にくっついていた。それはまだ家族が「家族らしい」生活を送っていたころの話だ。

本田さんには、小さいころの両親との思い出や記憶がほとんどない。その言葉に震災前の橋本家（本田さんの旧姓）の姿が見える。本田さんが幼いころ、父は石巻の製紙工場で働いていた。母も小料理屋を営み、両親共働きだった。ともに帰りは遅く、本田さんはいわゆる「鍵っ子」だった。誕生日やひな祭りなど、一般的な家庭ならば毎年楽しまれるイベントもなかった。

震災直前は、父は仕事を引退し、母は専業主婦として二人ともに家にいた。しかし、家族の会話は食事の時に少し話す程度で、食事が終わるとそれぞれの部屋に戻るといった生活だった。確かにそこに両親はいる、だがどこか遠い存在だった。コミュニティの最小単位である家族、それが希薄化していた。

震災による両親の喪失は、本田さんに両親への感謝やありがたみを痛いほど感じさせることとなった。当たり前の存在が当たり前ではなくなった。

「失うものよりも得るものの方が大きかったよね」（19・5・8）。

喪って初めてわかる、両親との関わりが薄かったからこそ、生前の両親にもっと何かしてあげられたという後悔、これまで言うことができなかった感謝、そして現在、その感謝の思いを仏壇にある両親二人の写真に話しかけて伝える。姿かたちはないが、両親は確かにそこにいる。そしてその空間には、かつての橋本家のような「家族らしい姿」が戻った。

しかし、ここで一つの問いが生じる。それは「行方不明の両親は「旅」をしていること」と「「身近」に感じること」の二つには矛盾が生じるのではないか。この点について次節で考えていく。

4 両親への願いと本田さんの想い

遠方への旅と、身近にいるという本田さんの両親への向き合い方は、一見相反しているように見える。だが、その二つはともに本田さんの喪失体験からの回復（レジリエンス）を支えている。というのも、現世とそうではない世界の二つをつなぐ役割が果たされているからである。本田さんの喪失体験からの回復のポイントは、喪った人との関係を持ち続けることではないだろうか。家族の喪失に向き合うために、つねに家族を想い続ける。本田さんは、毎日会話を交わすことで両親との関係を維持し続けており、行方不明ゆえに生まれた旅という考え方が、その会話の話題として存在している。

父の行方不明という現実を、旅に置き換えて喪失体験に向き合う。これは一見アンナ・フロイトの防衛機制における「置き換え」に該当するように見える。置き換えは一般的に「表象を置き換えることによって直接的な刺激やストレスを緩和する心的機制」（野津ほか 2005: 591）であり、受け容れがたい自分の感情を、他の対象にぶつけて解消するという心の働きである。たとえば会社の上司から受けるストレスを上司に返すのではリスクが大きいため、家族にぶつけることで解消することなどがあげられる。

だが、本田さんの場合はどうだろうか。父の行方不明というストレスや衝撃を「旅」に置き換えて、ストレスの緩和や解消をしているかのように見える。だが置き換えを含む防衛機制のそれは、現実の受け容れがたいストレスや感情から逃れるためであるが、本田さんは父の行方不明という現実から目を背けたり、忘れたりしていない。むしろ震災や、父の行方不明といったすべての現実に確かに向き合うことができたうえで「旅」という考え方が生まれてきたのである。

震災という出来事が、両親に対する想いや後悔をより強く本田さんに実感させた。ならばせめて自分の中の両親だけは幸せにあり続けてほしい。自由な魂ならば、どこか仲良く旅に行ってほしい。いつでも自分を見守っていてほしい。理想の家族を本田さん自身が描くことで、前述した行方不明ならではの絶妙な距離感の関係をあえて「旅」によって保ち続け、「会話」でコミュニケーションをとることが両親の願いを叶え、自身の自責の念を和らげることができた。結果としてそれは「ほんとうの家族の姿」を取り戻す〝もやいなおし〟(もう一度つなぐ意)のきっかけにもなった。

おわりに

本田さんは、一番最初の聞き取りの時にこう話していた。

「故人に対する気持ちや心の持ちようは、人によってそれぞれで、生前の家族関係とかで大きく変わるんだよね」(19・3・4)。

喪ってしまった大切な人の言葉や想い。それはもう自分の元には届くことはない。だからこそ、喪った悲しみやつらい思いとどう向き合い、立ち直っていくのかという選択や決断は、すべてではないにせよ、残された遺族に委ねられることとなる。それはたとえ「死」であっても同じことかもしれない。だが行方不明は、その曖昧さゆえにそうした決断が難しく、まさにそこが課題としてあげられる。本田さんへの聞き取りを通して、「関係を維持し続ける」ということが、行方不明にどう向き合うのかという問いの一つの答えとして見えてきた。

「両親に会うのが楽しみ。それまでは両親を安心させるような生き方をしないとね」（19・5・8）。どこまでも前向きな本田さんらしい一言だと感じた。いつでも想い、感謝を決して忘れることはない。あちらの世界で待つ両親のために。そして両親も、時に遠くで、時に近くで本田さんを見守り、「言葉のない会話」を通して本田さんに静かに語りかける。

参考文献

ポーリン・ボス 南山浩二訳 2005『「さよなら」のない別れ 別れのない「さよなら」――あいまいな喪失』学文社
金菱清 2013「災害死を再定位するコミュニティの過剰な意義――ifの未死と彷徨える魂の行方をめぐって」『フォーラム現代社会学』12: 104-113.
片山善博 2015「遺族ケアについての哲学的試論――故人とのつながりを維持すること」『日本福祉大学研

究紀要——現代と文化』131: 1-16.
小林珠実 2012「日本人の死生観・遺体観に基づくグリーフケアとしてのエンゼルメイクに関する考察」『医療・生命と倫理・社会』11: 94-101.
宮部修一 2017「震災からの立ち直りを促す実存療法を探る」『全人的医療』16(1): 41-46.
中森弘樹 2018「行方不明の概念をどのように位置づけるべきか——近年の行方不明研究の動向とその論点の整理を中心に」『社会システム研究』21: 191-206.
中西公一郎 1999「防衛機制の概念と測定」『心理学評論』42(3): 261-271.
野津亮・市橋秀友・本多克宏 2005「素朴心理学に基づいた防衛機制に関する考察」『第1回横幹連合コンファレンス予稿集』: 589-592.
若松英輔 2012『魂にふれる——大震災と生きている死者』トランスビュー

第4章　家族の思い出と記憶のコールドスリープ法

――夫の明るい姿を想起させる心の回復法とコミュニティの順応力

福田　浩也

はじめに

「いつもパパは馬鹿なことしていたんだよね～」。

そう明るく語ってくれる一人の女性がいる。その女性は淡々と、そしてどこか楽しそうな口調で受け答えをしてくれた。南三陸町社会福祉協議会「結《ゆい》の里」でお仕事をされている高橋吏佳《りか》さんである。東日本大震災の津波で最愛の夫を亡くされた。南三陸町役場勤めだった夫は、震災後に南三陸町防災対策庁舎から姿を消し、行方不明のまま未だ発見されておらず、最後の姿はあの日の朝のまま、時間だけが止まっている。

震災から長い年月が経過してもなお、未だに発見されていない行方不明者が東北・その他の地域を含

宮城県南三陸町志津川

め2529人に上る（警察庁2019.12.10現在）。日に日に発見の可能性が薄れていくなかで被災地では、サバイバーズ・ギルト（生き残ってしまったことへの罪悪感）に囚われてしまうご遺族の方も多く見受けられる。

だが吏佳さんはインタビュー中、夫が行方不明で見つからないことに対してネガティブな感情をあまり表さず、つねに明るくお話してくれた。一般的にわが身のご家族が突然ある日からパッと姿を消して何年も見つからない場合、生に対する不信感が募り、精神的に追い込まれてしまう人たちも少なくない。

ではなぜ吏佳さんは、行方不明に対して感情を上手にコントロールできているのか、その感情を支える背景にはいったい何が含まれているのか。本章ではそれらに焦点を当て、行方不明という概念の再認識をしていく。

1　3・11と夫の姿

1.1　南三陸町の概要と被害説明

南三陸町は宮城県の北東部に位置する。太平洋の志津川湾に面し、独特な地形を持つリアス式海岸を生かし、昔から養殖業などの水産業が盛んな町として発展を続けてきた。2005年に志津川町と歌津町という二つの町が合併協議会のもと、今の南三陸町へと生まれ変わった。総人口は震災前の2011年2月末には1万7666人を有していた。東日本大震災により死者620名、行方不明者211名、

写真 4.1　南三陸町防災庁舎の遺構と周囲の嵩上げ工事（宮城県南三陸町 2019. 8）

町の全世帯数の約6割が地震・津波により半壊以上の被害を被った。19年11月末の人口は1万2709人にまで減少した。

南三陸は海と共に生きてきたと言ってよいほど住宅街が沿岸部に密集していたため、宮城県内でも死者・行方不明者が7番目に多い非常に大きな被害が生じた地域となった。そしてあの南三陸町防災対策庁舎（以下、防災庁舎と略）が、「20年の県有化」によって、津波の記憶をとどめる震災モニュメントの役割を果たしている（写真4・1）。

1.2　震災当時の状況

震災前、吏佳さんは夫、息子2人、娘1人、義母との6人家族で平穏な毎日を送っていた。しかし、そんな穏やかな時間が突如として奪い去られる。幸い家は、志津川の大久保というある程度高台の地区にあったことで、地震の被害は受けたが津波は受けずに済む。それでも吏佳さんのご両親、実の妹2人ともども津波により家を流されてしまったため、震災直後は親戚などおよそ20人近くが吏佳さんの家に住んでいた。

震災時、吏佳さんは高野会館と呼ばれる結婚式場で地震に遭う。約350名の高齢者と共に芸能発表会の最中で、閉会の挨拶をしていたところ、経験したこともないほど大きな揺れが足元を襲った。建物は横に激しく揺れる。身動きが取れず、近くの机にしがみつく。天井のシャンデリアがいまにも落ちてきそうなほど強く揺れ、この地震はただごとではないと即座に感じた。揺れがやっと収まり数十分後、会場内にいる人たちが落ち着き始めた頃に、「第二の災害」を目の当たりにすることとなる。津波だ。荒れ狂う水の壁はすぐさま町中を飲み込み、一瞬にして故郷を別世界のように変貌させた。

その当時夫は役場勤めだったこともあり、町民を最優先に考え、避難誘導などをしていてきっと防災庁舎付近にいると吏佳さんは感じていた。そして結果として未だ何の手がかりもないまま発見されていない。最後に見たのは震災当日の朝、いつものように「行ってきます」を言った後ろ姿だった。

1.3 相対的な行方不明

本来、行方不明という現象はどのようなものなのか。一般的な概念としてポーリン・ボスが示す「あいまいな喪失」や、社会学者の中森弘樹が述べるように、行方不明とは相対的に定義される概念であって、誰かあるいは戸籍の何かによって人の所在が不明であることが認知されて初めて成立する（中森 2018）。

すなわち、ご遺族が行方不明だと認めなくても、その周りにいる友人や親戚、近所の人がその方は行方不明であると認める場合、その方は行方不明として周知され扱われるのである。ここで、ご遺族とその他の人々の気持ちに相違が生じる。実際に震災においても、行方不明となった方を亡くなったと認めないご遺族が少なくなく、当事者にとってはその家族がまだ未知の場所で生きている、きっとどこかで助けを待っているのだと、生きている希望を捨てきれないのである。

吏佳さん自身も夫の姿、形、着ていた服など夫に関する情報があの日の朝のままで止まっているため、津波で流されたという噂を聞いても「どこか旅行に行ったのかな」「私が知らない場所でパチンコでも打っているのではないか」（19・7・21高橋吏佳さん）と一向に認めなかった。震災の翌年、2012年2月に葬儀を執り行った際も、周りからの声が強く、自らの意志で進んで行ったものではない。一般的に葬儀の前には「死亡届」を提出しなければならないが、それもあくまで仮の死亡届として出したもので、それにより夫の死を認めることはできなかったという。周りからは事実と見られても、ご遺体の姿、形がないなかで死を認めるのはご遺族、吏佳さんにとってはほぼ不可能に近かった。だが、震災からもうすぐ9年となるいま、手がかりが発見される見通しは薄いままである。

このように震災から数年間は夫の行方不明に対して否定的で、どこか認めたくない、認めざるを得なくても本心はどこかそっぽを向く感情だったはずの吏佳さんだが、その心が徐々に変化していく。変化のきっかけともなった夫の生前の生きざまと地域コミュニティのレジリエンス作用について次に述べたい。

2 順応するコミュニティの力

2.1 常に明るい家庭の思い出

「お父さん（夫）のおバカエピソードをいつしか家族の中で話すようになった」（19・7・21）。

吏佳さんにご家族のことをうかがっていくと、震災以降生活や仕事が落ち着き始めた頃から、夫の「明るい」話題が家庭内に飛び交い始めたという。

いつも家族といる時は明るく振る舞い、よくふざけあっていた夫。息子2人が野球をしていたこともあり、審判やコーチなど幅広く活躍され、地域の子供たちからも信頼が厚い人だった。家庭内では頼もしく楽しい存在であったというが、いざ仕事のスイッチが入ると家族そっちのけ状態であった。震災から少し経ち、息子さんから「パパは何があっても〔防災庁舎から〕逃げなかったと思うよ。そのくらい責任感がある人だったから」と言われた時は、自分よりもお父さんをよく見ていたのだなと実感した。

家庭内では常に明るく、仕事になると熱心に取り組む「二つの顔」を併せ持ち、子供たちからも憧れられる存在であった。そんな明るく器用な性格の持ち主だったからこそ、自分たちの悲しむ顔を見たらどうだろうか、そう思い始めた吏佳さんは、日に日に前を向くことへと方向転換するようになる。だが、ここでいう前を向く気持ちとは、決してその人を忘れることではない。社会心理学者の関谷直也は、心理的に落ち着いてくる時期になると、これまでの不安を解消する方法として、時間経過による忘却もその一つだとしている（関谷 2012）。確かに今までの嫌な記憶をいったんすべて忘れて再スタートを切ることで心を平時の状態に保つ方策もあるが、吏佳さんの場合は逆に思い出しながらも喪失からの回復を図ろうとしている。したがって、そこにいないと考えるのではなく、常に寄り添われている感覚を持ち合わせようとするのである。

それは行方不明という姿、形がないからこそできる心理的回復方法でもあり、死を確定できない状況だからこそ、自分の心の中で行方不明者の存在を自由にコントロールできることにもつながる。

曖昧な状態だからこそできるこの方法には「時間」との関係性が深く関わってくる。吏佳さんはじめ、息子、娘さんも震災後の最初の時期はひどく落ち込む様子が見られたというが、1年2年と時間が経ち、それを次第にコントロールできるようになっていく。人は忘れることができる生き物である。小学生だった頃の記憶をすべて覚えている人は、いまの大人にいないだろう。だが、昔楽しかったこと、印象深かったことを記憶している人は多いのではないか。元の記憶の上に新しいメモリーが追加されたとしても、それを掘り起こすだけの経験、楽しさがあるからこそほんの一部でもふと思い出すことができるのではないか。そういった日常の思い出の積み重ねが、ネガティブな状態にある人々の背中を押し続けるのである。そしてそれと並行するように、町として災害から心理的回復に至るレジリエンス経緯について見ていく。

2.2 地域ぐるみで助け合う

立ち直るきっかけとなった理由として、町全体が〝喪の状態〟であったことも大きいと吏佳さんは話す。多数の死者・行方不明者を出した南三陸町では、地域住民の中でご家族・ご友人を亡くされた、行方不明のまま見つからないなど、数多くの犠牲者遺族が生まれ、一時的に町全体がお葬式にも似た厳粛な雰囲気に包まれた。そのような状況で似た者同士の関係性が町全体に生まれるようになる。

そして吏佳さんは町の住民と接していくうちに、自分の抱えるもやもやした想いが少しずつ薄れていくようになった。

「自分だけがこういう状況だったらまた変わっていたかもしれない。でも町中あちこちで同じような人がいたから。そのような人たちがいるなかでクヨクヨしていても何も進まないなと思った」（19・7・1）。

「そう言った話を共有できたことで、自然と肩の荷が下りたというか。もともとここ〔南三陸〕は歩けば知り合いがそこらにいた。秘密事ができない町だったね。子供の恋愛話とかもすぐに広まっていったもん（笑）」（同）。

例を挙げるならば、多忙のために近所の友達一人にしか夫の葬儀を伝えなかったが、いざ当日を迎えると地域住民や仕事仲間の男女を問わず百名弱の方々が参列し、改めて南三陸の地域コミュニティのネットワーク力を実感した。

すなわちソーシャル・キャピタル（信頼、規範、ネットワークといった人間関係を構成する要素）が高く、みなが同じ被災をした町だからこそお互いがお互いを助け合い、励まし合う緊密な関係性が、自然と確立されていったのである。環境社会学者の藤本延啓は「見えない諸課題」として、災害からの時間の経過とともに各個人・世帯における被災後の「個別性」は見えにくくなり、やがて被災者の抱える生活再建や支援の行き届きについての課題が深化・拡大していく（藤本 2018）としているが、今回の南三陸町においては住民みんなが同じ状況で、各個人の被災度もある程度可視化されていることから、「見える諸課題」としてとらえることができる。その「見える諸課題」に対して一つひとつ策を編み、手を差し伸べるのが吏佳さんのお仕事である。

2.3　カウンセリングが要らない町

東日本大震災以降、死者・行方不明者遺族の方々には、自分の経験を誰にも話せないまま心の奥底に溜め込んでしまう傾向が多く見受けられる。誰かに話を聞いてもらうことで心理的回復を図る方法も実際に存在するが、それらを可能にするには話し手・聞き手の相互のイコールな関係が非常に重要になってくる。その分被災者にとっては、被害を被っていないカウンセラーに話を聞いてもらうよりも、同じ被災体験をした当事者と話す方が率直な答えが出やすくなる。

心理的悪化の例として「なぜ自分だけ生き残ってしまったのか、あの時手を引っ張っていたら」などのサバイバーズ・ギルトに囚われてしまう人もいる。最悪の場合は震災以降自分の心を完全に閉ざしてしまい、自分が住む家から一歩も外に出なくなってしまう。一度そのスパイラルに陥ってしまうとそこからの回復には相当の時間や労力が費やされ、ましてやその数が多ければ多いほど心理カウンセラーの数も足りなくなってくる。

また似たような問題としてＰＴＳＤ（心的外傷後ストレス障害）が挙げられる。精神病理学の斎藤環は、強烈な心的外傷をきっかけに、実際の体験から時間が経ってもフラッシュバックや悪夢による侵入的再体験や否定的な思考や気分、怒りっぽさや不眠などの症状が持続する状態であると、ＰＴＳＤを定義している（斎藤 2012）。特に東日本大震災ではそのような症状に陥る人が多く見受けられた。当時のフラッシュバックや生き残ってしまった罪悪感がご遺族の心の中に深く傷を負わせているのである。死者・行方不明者が極端に多い災害であったことがこういった結果を招いている。

だが一方で、自分の周りにはそのような人たちはいなかったと吏佳さんは話す。その理由の大部分が町全体として被害に遭ったこと、震災前からの常日頃のコミュニケーションが災害時にも役立ち、何よりみんなが同じ立場に近かったからである。町として、地域としてのソーシャル・キャピタルが高ければ高いほど災害時のレジリエンス（回復力）は高くなるとされている。今井良広などによれば、レジリエンスは「回復する」だけでなくそこからより良いものを作り出す「前進」も含意するとしている（今井・金川・後 2015）。つまり、震災後に吏佳さんがすぐに社会福祉協議会の一員として活動ができたことも、町としての機能がしっかりと果たされていることがわかる。

「みんなが同じような状況だったからね。気兼ねなく話せるっていうか。また、○○の△△さんが亡くなった、行方不明になったっていう情報はすぐに入ってくるから、たとえ直接言われなくてもわかるんです。そういう前提があるからこそ助け合いやすいし、無理に気を使わなくてもいいんだよ」（19・7・21）。

こういった地域コミュニティ本来が持っていた根強い関係性のおかげで、自然に心が和らいでいった吏佳さん。そして実際に震災関係で後にカウンセリングを受けることもなく、自分の心の中の整理を誰かと共有することで、それが知らぬ間にケアの一端を担い、仕事や生活にも影響を及ぼすことなく、うまく作用した。お互いがお互いをよく知り合い、信頼できる環境がそこにあるからこそ生まれた関係性である。「共有」が生む町としての「共生」が、南三陸にはあるのである。

3　町の見守り係として

3.1　第二の行方不明を生まない

ここからは吏佳さん自身のお仕事の面から考察していく。吏佳さんは南三陸町社会福祉協議会で20歳の頃から勤務している。震災前は「福祉の里」という名前で仕事をしてきたが、事業所が津波の被害を受け、仮設プレハブを拠点に活動の再スタートを図る。

震災後はおもに、仮設住宅の見守り活動を行い、社協と住民間での「対等な関係性」を大切に地域住民の生活実態に耳を傾け続けた。この見守り活動には震災後、仮設住宅を無作為に割り当てられ、従来の地域コミュニティから疎外された人々の心理的ケアを断続的に担うことも含まれる。現在勤めている「結の里」ができるまで、住民一人ひとりがどういった生活を望んでいるのか、どのような活動があれば地域住民は喜んで参加するだろうかを、住民と直接協議しながら案を出し続けてきた（写真4・2）。

写真 4.2　高橋吏佳さん（南三陸町結の里 2019.8 月）

こうした住民主体をモットーにした社協の活動は、地域になくてはならない住民生活の一部に組み込まれていった。その結果、結の里を開設する前後に合わせて、数多くの種類のイベントを繰り返し企画し実施し続けたことで、吏佳さんはいつしか多忙な日々を送るようになっていった。

3.2　結の里での活動

「結の里」ができたのは震災から7年後の２０１８年４月であった。以前の事業所よりも高台に位置し、高齢者や障害者、子育て世帯を巻き込み、町民誰もが気軽に立ち寄れるような場所を作りたいとの意図で開設した。おもに高齢者に対する福祉サービス提供の場だけではなく、建物の中心には一杯百円で飲み物が飲める「えんがわカフェ」やキッズスペースなども設けており、東日本大震災以降、ひきこもりや孤独化が表面化する被災地で、このような場を提供することでそれらの問題を解決しようとした。結果としてイベント毎に老若男女問わず参加してくれる住民が徐々に増え、今では地域住民にとって必要不可欠な場所として大きな役割を担っている（写真４・３）。

写真 4.3　運動会の集合写真（結の里 2019.10.10　高橋吏佳さん提供）

結の里のイベント例としては、子どもから老人までみんなで料理を作りコミュニケーションを図る「みんな食堂」や秋に開催される「走らない運動会」、結の里看板つくりなどの「ワークショップ」等がある。多岐にわたるイベントを開催してきたが、驚くことにこれらのイベントはすべて住民から提案されたのである。吏佳さんは語る。

「社協はあくまで黒子。住民一人ひとりが主体となって活動するから続くの。人は役割を持つことで初めてその場所で輝ける」（19・7・21）

このような住民主体のまちづくりを、金菱清は既製品としての「レディーメイド」ではなく「オーダーメイド」なまちづくりと提起している（金菱 2016）。

震災後、吏佳さんは社協の職員としての役割を十分に理解し、その活動に重きを置いて過ごしてきた。そうしたなかで「あえて忙しくしていた」点がインタビューを通して浮かび上がってきた。震災後さまざまな活動を実施してきたその傍ら、わざと忙しくすることの本意はいったい何なのか。吏佳さんがとらえる行方不明像に迫っていく。

4　記憶のコールドスリープ法——区切りをつけない保存法

4.1　行方不明を忘れず、保存する

ここで一つの仮説を立ててみる。「忙しく過ごすことは、亡くなったという認識をかき消し、知らぬ間にその事実を忘れることではないか」という考えである。人は一般的に何かに忙しいとつい他のことには目を向けられなくなり、一点集中型になりやすい。何かに熱中したり、終わらないタスクがあるとなおさらである。実際に、今回の震災においても家が壊れたり、会社が流されたり、家族・親戚を亡くしたりと負の思考にならざるを得ない状況が、被災地各地で生まれた。その中でまずは自分の生活再建が最優先であると、家事や仕事に時間を費やす人が多く見受けられるようになる。結果として、失ったものを振り返る場すら与えられず、いつの間にか時間だけが過ぎ去っていった。

それは吏佳さんにとっても同じような状態であった。最愛の夫を思い出せないほど忙しく仕事のスケ

ジュールを詰めることで、あえて生死不明の事実を不鮮明なままに保とうとしたのである。先述したように、社協でのイベントや毎日の仕事を繰り返す日々が、２０１９年の3月頃まで続いた。その結果、時間だけがあっという間に過ぎ去り、行方不明という事態に意識が向かないほどだったと述べている。もちろん3・11や月命日の日には警察の捜索活動のニュースなどを見て、多少なりとも思い出すことはあったというが、夫が亡くなったのだという認識は未だにできていない。

「考える余裕もないほど仕事から家事までしてきたね。そのこと〔行方不明〕だけにとらわれないようにしようって思っていた。それは変だという人もいると思うけど、そうしてきたからこそ、あまり引きずらずに済んだのかもね」（19・7・21）。

すなわち、行方不明という事態に対する解決策のひとつに「時間の経過」があることを吏佳さんは示してくれた。ただしそれは、夫を嫌っていたから思い出さないのではなくて、夫を想い、好きだったからこそ自分の泣き顔は見せられない、きっといつも通り忙しい姿を見せてあげる方が夫も喜ぶのではないかと感じたのだと話す。

4.2　鮮明な記憶を冷凍保存

これは先述した仮説とはまるで正反対のような考えである。「忙しく過ごす＝忘却」ではなく「忙しく過ごす＝明るい姿を想起させるための方法」が吏佳さんの答えなのである。自ら多忙な環境をつくり上げ、その環境の中に過去の夫の記憶を落とし込み、あたかも忘却の一助のような行動をとる。そして時間をかけて夫の所在をあえて不透明にすることで心に余裕を持たせ、過去の記憶の引き出しから必要なものだけを取り込むことに成功した。仕事という一つの保留場所を設けたことで、今は夫の行方不明だけにとらわれず、なおかつ仕事への一点集中にならないような状態を確立した。

言葉に置き換えればコールドスリープ（冷凍保存）のようなものであろうか。すなわち、冷凍庫をお仕事、保存するものを生前の夫の思い出とするならば、冷凍の作用に似ている。忙しくすることで夫の姿、形を震災前の状態のまま「保存」し（食べきれないものを冷凍庫に保存）、その合間・合間に時々、鮮明に思い出せるようにする（解凍して食べる）。この方法においては冷凍に意味があり、鮮魚や精肉のように鮮度（鮮明な過去の記憶）を保つこと、いわば賞味期限をいかに伸ばせるかが被災者個人にとって大きな鍵を握る。もちろん夫がいないことへの気持ちなど、マイナスの記憶も一緒に保存されることになるが、夫の生前の姿や明るい性格などからそれらを思い出すことはほぼ皆無である。

このような思い出の表現方法を筆者は「記憶のコールドスリープ（冷凍保存）法」と定義する。時間の経過とともに記憶は薄れゆくために、昔の姿、形を思い出すことは年々困難を極める。しかし、モノとしてそこには存在しなくとも、昔の姿、形をいったん保存しておくことで、時と場合に合わせて瞬時にその場面だけを想起することは可能である。それが定期的に行われればあたかもそこにいるかのような感覚を抱くこともできるし、断続的だとしても一度でも思い出せば、またその瞬間瞬間を思い描くことができる。

4.3　区切りをつけない

このように吏佳さんはあえて「区切り」をつけることなく行方不明に向き合うことができることに、最大の特徴がある。一般的には区切りとは忘れること、そこからの再スタートを切るために切り替えることを指す。しかし吏佳さん自身、夫がいなくなった実感は持っていない。それは忙しく過ごして、最後に見た夫の姿があの日の朝のまま止まっているために「流された」「どこかに行ってしまった」と周囲から言われても確信を持てないのである。

そのため先述した通り、震災から1年後に行った葬儀で死亡届を提出したが、それは本心ではなく亡くなったことを形式的に認めるだけであった。そうすることで死を認めざるを得ない環境にいたとしても、自分自身の中で夫という人間一人を生かし、いつも傍にいる感覚を持ち続けてきた。だからこそ常に笑顔でいる。

行方不明であるがゆえのその曖昧さこそが、ご遺族にとってプラスの方向にとらえ直されるという実態を、ここ南三陸町で発見できたことは大きな収穫だった。

おわりに

東日本大震災からまもなく9年を迎える。私たちは「行方不明」というテーマを設定し調査を遂行してきた。行方不明という曖昧な状態をどうご遺族の方々が受け容れて生活を送られているのか、その実態について詳しく掘り下げていった。家族が行方不明のまま、これからどう生きていけばいいのか、ご遺族の方々にとって右も左もわからない日々が続いた。

しかしその中で、地域住民を支える立場でのお仕事、子供の成長、夫の生前の姿、南三陸町としての被災など、さまざまな条件が重なり次第に吏佳さんの心も前を向き始める。お仕事の中では、あえて忙しい日々を送ることで夫のことだけを考える時間をなくし、区切りをつけることなく、今でもどこかで生き続けている感覚を保つようにしていた。

生活の中でも地域住民と直接会話をして被災体験を共有できたからこそ、吏佳さんは深刻な危機に陥ることなく、夫の行方不明を不確定なままの状態に保存できている。それには震災前から元々のコミュニティ・レジリエンスやソーシャル・キャピタルが南三陸の各地域、地区毎に備わっていた点が大きな意味を成すことが明確になった。

行方不明者遺族にとって何よりの良い知らせは、家族の発見だろう。だが筆者の調査が示すように、たとえ見つからなくてもその現実から目をそらさずに、私生活の一つひとつから解決策を探り出し、自分なりの答えを見つけ出す人もいる。今日も吏佳さんは笑顔でこの町で生きてゆく。

参考文献

ポーリン・ボス 南山浩二訳 2005『「さよなら」のない別れ　別れのない「さよなら」――あいまいな喪失』学文社
藤本延啓 2018「西原村における被災と対応の個別性――地域社会レベルと時間の経過を軸に」『西日本社会学会年報』16: 23-33.

今井良広・金川幸司・後房雄 2015「コミュニティ・レジリエンスとソーシャル・キャピタル――南三陸町における震災復興の取り組みから」『経営と情報：静岡県立大学・経営情報学部　学報』27(2): 1-24.

金菱清 2016『震災学入門――死生観からの社会構想』ちくま新書

中森弘樹 2018「行方不明の概念をどのように位置づけるべきか――近年の行方不明研究の動向とその論点の整理を中心に」『社会システム研究』21: 191-206.

斎藤環 2012『被災した時間――3・11が問いかけているもの』中公新書

関谷直也 2012「東日本大震災後の不安と情報行動」『情報の科学と技術』62(9): 372-377.

警察庁「平成23年（2011年）東北地方太平洋沖地震の警察措置と被害状況 https://www.npa.go.jp/news/other/earthquake2011/pdf/higaijokyo.pdf（2019.12.10 閲覧）

南三陸町「東日本大震災による被害の状況」https://www.town.minamisanriku.miyagi.jp/index.cfm/17,181,21,html（2019.9.13 閲覧）

南三陸町「南三陸町人口・世帯数（住民基本台帳）」https://www.town.minamisanriku.miyagi.jp/index.cfm/10,20733,56,239,html（2019.12.10 閲覧）

宮城県「東日本大震災の地震被害等状況及び避難状況について」https://www.pref.miyagi.jp/site/ej-earthquake/km-higaizyoukyou.html（2019.9.4 閲覧）

第5章　震災の記憶と感情の行方不明――失われた記憶と家族関係

雁部那由多
東松島市大曲地区

はじめに

「私の記憶や感情は、どこへ行ってしまったのだろうか」。

震災後、ふとした瞬間に疑問に思うことが多くなった。私自身およそ9年近く前の東日本大震災で被災した。幸い家族は全員無事だったが、目の前で津波に飲み込まれて行く大人を見殺しにしたり、支援物資を取り合う大人の姿を目撃したり、筆舌に尽くしがたい体験だった。現在この体験をもとに、発災当時を伝える語り部活動を行っている。

この語り部活動をするなかで、友人や語りを聞いてくださった方から年齢以上に落ち着いていて、淡々と語ると言われることが多くあった。意図したわけではないので、言われる身としてはとても不思議だった。次第に、このように言われるようになったのは、震災後にさまざまな変化を経験し、記憶や感情を押し殺してきた時期が関係しているのではないかと考えるようになる。

1 〝被災しなくてよかったね〟

1.1 記憶と感情を押し殺す

震災後、一番大きく変化したのは人間関係とそれを取り巻く環境だった。再開後の小学校で誰かが震災の話を出すと、泣き出したり過呼吸を起こしたりする児童が多くいた。次々と泣き出す児童は増え、パニック状態になることもしばしばだった。地震や津波を連想させる言葉は、次第に「禁句」と捉えられるようになり、決まりはないものの、いつしか校内では誰しもが記憶と感情を押し殺して生活していた。

また、このような状況は、学校だけにとどまらず、家庭においても同様だった。筆者には4歳年下の妹がいる。妹は今でも、震度1程度の小さな揺れに怯えるほど、災害に対して恐怖を抱いたままだ。一度怯え始めると、治るまで布団に潜ってじっとしている姿を何度も見てきた。そのため、県内外で語り部活動を行っている私も、家族がいる前では震災のシの字すら話題に出さない。こうすることで、震災前と同様の家族の形をかろうじて保っている。学校と家庭、小学生の時分、大半の時間を過ごす場所でのこうした環境の変化が、いつしか記憶と感情を押し殺した状態のまま気丈に振る舞うことを当たり前の行動として体に刻み込んだのだろう。

2019年5月、この当たり前の行動が、アブノーマルな事態だと気づく出来事があった。前述の話を聞いた先生から、「ひょっとして、反抗期がなかったんじゃないか」と指摘されたことだ。確かに私自身は反抗期を経験しておらず、同じような状況の同級生が多数いた。感情を押し殺した状態が継続することで、災害と関連の薄い感情表現の機会をも自分の意図しないうちに失った可能性がある。そのことに気がつき、感情表現の仕方を忘れ、記憶を失っていくような漠然とした恐怖を覚えた。

ここで一つ疑問を感じるようになった。震災当時行動を共にしてきた友人たちはどのような感情コントロールを行ってきたのか、どんな家族関係を築いてきたのだろうかということである。

本調査では、当時の二人の同級生にお話を聞くことができた。二人はこれまでに自身の体験を振り返ることも、誰かに話したこともなかった。本章の主題は、この「記憶と感情の行方不明」である。同級生Kさんと Tさんに焦点を当て、彼らの体験と心境変化の聞き取りを通じて、記憶と感情が持つ意味を繙いていきたい。

1.2 東松島市の被災概況

東松島市は宮城県中部沿岸に位置する。仙台湾に面し、漁業と農業を中心に古くから発展したが、1980年代以降は仙台市・石巻市のベッドタウンとしても開発が進み、宅地造成に伴って多くの人が移住してきた比較的新しい街でもある。2011年3月11日の東日本大震災発災当時、特に沿岸部では地震と津波による家屋流出や死者約1100人以上の被害を出している（写真5・1、写真5・2）。しかし一方、内陸側地域には一部、浸水していない地域も存在し、被災状況は各行政区ごとに大きく異なっているのが実情だ。東日本大震災の多くの被災地と同様、甚大な被害があったが、その被災の程度には大きな差が見られる地域でもある。

1.3　KさんとTさんの境遇とあるきっかけ

宮城県東松島市。ある家庭には、震災前と変わりない暮らしの光景があった。

「個人的に、震災の前と後で一番変わったと思うのは住む場所でも街の光景でもなくて、家族同士の関わりだった」（19・8・13 Kさん）。

写真 5.1　陸上自衛隊による仮埋葬
（東松島市大塩 2011.3.25 斎藤幸男氏提供）
（出典）斎藤幸男『生かされて生きる』(2018)

「目に焼き付いて離れないのは、表情が消えた家族の姿」（19・8・13 Tさん）。

二人は淡々と語ってくれた。聞けば、筆者と同様、震災の記憶を封じ込めることで家族同士の関係を維持し続けてきたという。大学に進学して家族の元を離れ、震災当時の記憶や感情を思い出せなくなっていることに気がついた。

KさんとTさんは、宮城県東松島市出身の女性である。互いの自宅が近く、幼稚園以来の同級生でもある。発災当時は二人とも11歳、同じクラスの小学校5年生で、自宅から20分程度かけて沿岸部

写真 5.2　漁船に描かれた激励の言葉
（東松島市大曲 2011. 3. 28　斎藤幸男氏提供）

の小学校へ通学していた。自宅は共に内陸部にあり、津波による被害は床下浸水にとどまったが、二人は共に通っていた小学校で被災し、津波を目の当たりにしている。

2011年3月11日、KさんとTさんは小学校での授業中に地震に遭遇した。避難後、津波が来る直前までクラスの同級生たちと両親の迎えを待ったが願い届かず、津波からの避難行動を開始した。二人は津波襲来から3日間、避難所となった小学校で過ごした後、両親の迎えにより帰宅した。帰宅後は順次ライフラインも復旧し、小学校が休校であること以外は1週間ほどで元通りの生活ができるようになった。二人は小学校での被災は経験しつつも、自宅がほとんど被災していない。

1.4　Kさん「私たちは被災者じゃない」

Kさんは帰宅後、両親や祖父母が無事だったことやほとんど元通りに片付けられていた自宅を見て、安心感に包まれたという。震災から1週間ほどたったある日の夕食の場で、震災当日の話になった。家族は津波の浸水がほんの数センチで済んだことや、自家用車が残ったことなどを、「あまり被災しなくて良かった」と言っていたのだという。

「私は学校の避難所に居たんだよ！　と言ったのですが、両親は『うちはこのくらいで済んだけれど、家はほとんど被災していないから幸運だったんだよ。海の近くの人と比べたら、被災者じゃないんだ』と私を諌めました」（19・8・11 Kさん）。

1.5　Tさん「被災しなくて良かったね」

Tさんも同様の経験をしている。沿岸部に比べて被害が少ないなかでは、自らを「被災した」と言いにくい状況が生じていた。

実際には津波来襲の現場にいて避難所生活を経験したにもかかわらず、自宅や家財が無事なために被災していないと言わなければいけなかった。Tさんは4月の学校再開後、津波で自宅が全壊した多くの友人から「被災しなくて良かったね」と言われたのだという。もちろんそこに悪意はないが、Tさんの心に確実な爪痕を残したのは確かだった。

「みんな純粋に『良かったね！』と言ってくれるんです。でも、その一言がつらかった。私のあの3日間は、何だったんだろうって。家が残っているだけでも少数派で、自宅から通っている人はもっと少なかったですから、仕方のないことだと言われればそれまでです」（19・8・11 Tさん）。

東日本大震災の場合、全く被災していない第三者から見れば、被害の大小にかかわらず、すべての被災者は同じ〝被災者〟であるが、被災当事者同士の間ではそうではない。比較的被害の少なかった地域と甚大な被害を受けた地域の間には、一種のギャップが生じたのではないだろうか。

2　家族関係の変化

2.1　仮面を被って接する

Kさんは震災後、最も変化したのは家族との関係だと語った。

「変化と言っても仲が悪くなったり、家族構成が変わったりしたわけではありません。今まで通りの家族に戻りたい、その一心で今まで通りの自分を演じてきたんです」（19・8・11　Kさん）。

学校でのつらい出来事や自身の被災体験を家族が知ることで、家庭という場所に自分の居場所がなくなることを最も恐れたという。そのため、被災した体験を家族と共有することはなく、自身の心の中に押しとどめ続ける〝作業〟を行った。いつしかこの〝作業〟は日常のこととなり、震災から時間が経つにつれて徐々に意識することもなくなっていった。

「震災以降、本当の自分を家族は知りません。家族の団欒のなかに、仮面を被っているような違和感がずっとあります」（19・8・11　Kさん）。

2.2 反抗期の消失

家族関係の変化を経験したのは、被災当時行動を共にしたTさんも同様だった。Tさんは震災発生前、よく両親に反抗的な態度を取っていたという。

「震災の日の朝までは、とにかく親と仲が悪かったんです。父親の言うことになんでも突っかかってみたり（笑）些細なことで衝突していた記憶があります」（19・8・11 Tさん）。

しかし、震災を境にTさんと家族の関係が一変する。

「あの日以降、家族から表情が消えたんです。怒ったり、驚いたり、笑ったりすることもなくて、全部が素っ気なくなった感じでした。唯一、震災の話がニュースで流れたり、学校からもらったプリントに震災のことが書いてあったりする時は機嫌が悪くなっていたと思います。あの日以降、私が頑張らなきゃって。冗談を言ったり、学校の楽しい出来事だけを選んで話してみたりして。気がついたら、震災前の仲の悪い空気も無くなっていつもの家族に戻っていたんです」（19・8・11 Tさん）。

Tさんは家族の表情がなくなったことが一番怖かったと語った。震災前、家族に全力で感情をぶつけられた時とは打って変わって、必死で話題を作り、家族から反応が返ってくるまで待ち続けた。いつしか両親に対する反抗心は消えてなくなったという。ここでも、Kさん同様に家族関係の維持を目的としてTさんは行動しているのではないだろうか。

3　失われた記憶と感情

3.1　笑顔と引き換えた負の記憶

KさんとTさんは共通して、「被災当時、どこで何をしたのか、どんなことを感じたのかが記憶からきれいに抜けている」と開口一番に語っている。話を聴き進めると、状況は違えど二人にとって震災の記憶は、家族関係の維持に最も〝不要なもの〟であったのではないだろうか。

Kさんにとっては作り笑顔の背景に、Tさんにとっては家族の表情を奪う存在だった。二人は共通して、家族の中で震災の話題に触れないよう努力し続けてきた。このプロセスの中に、震災の記憶を忘却させていく効果が含まれていたのではないだろうか。いわば、被災体験という負の記憶を封じ、家庭という居場所と家族の笑顔に引き換えたのである。

3.2　記憶と感情が「行方不明」になった日

二人に最初の聞き取りを行ったのは、２０１９年8月11日のことである。現在、Kさんは東京都内の大学へ、Tさんは県内の大学にそれぞれ進学している。それぞれ親元を離れて一人暮らしをスタートさせた。Kさんは東京都で一人暮らしを始めて、震災当時のことを考える機会と時間を得た。

「東京の大学に来た時、宮城出身というと必ず『大変だったね』と返されました。その時初めて記憶を辿ってみて、全然覚えていない、思い出せないことに気がついたんです」(19・8・11 Kさん)。

震災から7年目の出来事だった。あの日確かに小学校で被災し、避難をしたということははっきり覚えているが、その時見た景色や行動、抱いた感情に至るまでがどこかへ行ってしまったような感覚を抱いた。

Tさんが気づいたのは、本稿作成のための最初の調査がきっかけだった。前日の夜中、Tさんは電話口で次のように語っている。

「頑張って思い出そうとしてみたけれど、何もわからない。本当に空っぽの状態で、話せることは何もないんです」(19・8・10 Tさん)。

震災から8年半を経て、初めて振り返ってみたのである。この状態をあえて一言で表すならば、「記憶と感情の行方不明」とでも呼べる。家庭から独立し、自らの居場所を存続させるための〝震災の記憶を封じ込める〟努力は不必要となった。しかし、封じ込めた記憶は簡単には戻らない。KさんとTさんはどちらも記憶を「失った」と表現し、漠然とした恐怖を抱いている。

4　記憶を取り戻す意味、捨て去る意味

4.1　行方不明の記憶に対する二人の答え

2019年9月5日、KさんとTさんに2度目の聞き取りを行った。夏休みの間実家に帰省していた二人はそれぞれ、行方不明の記憶に対する自分なりの答えを見つけて来たと話す。Kさんは、「行方不明の記憶を探して、もう一度向き合ってみたい。本当の自分の姿で家族に接したい」と語った。一方Tさんは、「このままでいい。ゆっくり考えたけれど、今の私にはやっぱりいらないものだ」と語る。二人はそれぞれ、記憶を取り戻す選択、記憶を消してゆく選択をした。2つの選択がそれぞれ持つ意味とは何なのだろうか。

4.2　Kさんの震災と真正面から向き合う決断

Kさんはこの夏、家族に震災後つらい時期があったことを打ち明けた。

「『今までの笑顔は嘘でした』と打ち明ける覚悟のようなものがありました。当時の記憶がすっかりないことも。でも、家族はそれを受け容れてくれたし、何より私の話に耳を傾けてくれました。それが何よりも嬉しかった。話してみてよかったと思います」（19・9・5 Kさん）。

Kさんは夏の間に被災した母校に足を運んだ。被災したその場所に立ち、同じ景色を眺めることで少しずつ思い出す試みを続けている。Kさんにとっての記憶は、彼女自身が被災体験を処理し、区切りをつけるための道具でもある。

4.3　Tさんの震災を過去のことと捉える決断

Tさんもまた、決断を下している。

「私はそのままにすることにしました。記憶が思い出せないことは悲しいことだと言われるのかもしれないけど、それで守った今の家族の形があるから。8年間仲が良かった家族をそのままにしておきたいし、そのためなら忘れたままにしておくことも一つの方法かなって思います」（19・9・5 Tさん）。

Tさんは夏の間、自分の記憶に問い続けていた。思い出すという方法が自分に必要なのか、どんな方法で向き合うのが良いのか。最終的に、8年半守って来た家族の形を最優先に考えた。あえて記憶を思い出して振り返ることを是とせず、「記憶と感情の行方不明」状態を継続させることで、震災後に積み上げて来た記憶を上書きする。8年半という期間が生み出した彼女なりの向き合い方だった。

4.4 「体験の言語化」プロセス

二人の決断の内容は大きく異なるものである。片や記憶を取り戻そうとし、片や記憶に別れを告げる。この決断をした背景からそれぞれの意義を考察してみたい。

ここで二人の考え方の共通点と相違点を比較する。二人はそれぞれ、震災から7年以上の年月を経てから記憶の行方不明を自覚している。さらに本稿の調査に向けて自身の体験を時系列に書き出す、筆者と対話する等の「振り返り」を図らずも行っている。筆者はここに、「体験の言語化」というプロセスが存在すると考えている。

東日本大震災以降「風化に抗う伝承」が声高に叫ばれて来た。事実、次世代の命を守る有益な情報であることに間違いはないだろう。こうして伝えられるすべての体験談は、体験者自身の「体験の言語化」を経て他者へと渡っていく。記憶や感情が言葉に変換されることそれ自体が思考実験的な効果をもたらし、図らずも振り返る機会となっているのではないだろうか。

5 決断の背景

5.1 共通性と相違性

KさんとTさんは一見、対照的な性格の持ち主のように見えてしまう。特に、行方不明の記憶と感情の扱い方、家族関係の相違点は顕著だ。しかし、4節でも取り上げてきたように被災状況そのものや記憶を封じ込める点など、数多くの共通点も存在する。ではなぜこのような向き合い方の差が生じたのだろうか。Kさんと Tさんの場合、大学進学前までの体験や、家族関係の変化は類似している。

しかし、東京の大学に進学したKさんはいわゆる被災地の外側へ歩を進めた。自分の周囲に当時の被災者はほとんどおらず、親元から離れて一人の時間も多くなっている。一方Tさんは地元の大学に進学し、週末は実家に帰る生活をしている。いわば、被災地の中での人間関係が継続している。二人の境遇の決定的な違いはこの点ではないだろうか。

5.2 失われた記憶と感情の扱い——場所性

ここで、仮説を立てるとするならば、「行方不明の記憶と感情に対する扱いは、記憶が想起される環境や場所、人間関係に大きく左右されるのではないか」ということである。Kさんは被災地から離れ、新たな人間関係の中で自身の記憶の欠落を自覚し、再び取り戻そうとしている。Tさんは震災以来継続して家族関係を維持しつつも筆者の調査で初めて記憶の欠落を自覚した。最終的には言語化のプロセスを経て心にしまっておく決断をしている。

彼女たちにとって記憶と感情を忘却することは、家庭という唯一無二の居場所を守るための防衛策だったのではないだろうか。石巻西高等学校元校長の斎藤幸男氏は、震災を生き延びた人たちに生じたサバイバーズ・ギルト（生き残った者の負い目）が子供たちを徐々に追い詰めていったと述べている（斎藤 2018）。斎藤は震災当時、石巻西高等学校教頭、のちに校長として教育復興の最前線に立ち、特に生徒たちの心の動きをつぶさに観察してきた。たとえば、「こころとからだのアンケート」を2011年6月から5年間にわたって実施し、その結果を分析しながら生徒の心の変化に対応してきた。

被災によって傷ついた生徒たちの心が回復するためには、学校や家庭に「平常」とかなりの「時間」が必要であると指摘している。ここでいう「平常」とは、震災前の日常の姿であり、生徒たちが安心して帰る場所の存在だ。さらに「時間」は、「平常」によって生徒の心が癒され、震災の記憶と向き合う時間を意味する（同上）。

Kさんや Tさんの場合、彼女たちにとって最大限の平常を享受できる最大にして最後の場所は家庭であり、それさえも震災に奪われていくことが耐え難いものであったのだ。二人が震災時の記憶と感情を失ったのは、「平常」の家族関係を維持するという背景に裏打ちされた、ごく自然な現象であったのではないだろうか。

5.3　記憶と感情が持つ意味

一般的に、「震災の記憶」といえば、津波に流される町の光景や、更地になった土地など、災害で変化した風景として扱われることが多い。しかし本調査では震災の記憶が必ずしも震災の被害そのものとはいえないことがわかった。さらに、Kさんや Tさんにとって、震災の記憶は被災後の家族関係や生活環境の変化そのものを指し、震災の風景はあくまで過去の記憶にすぎない。守るべき、いま生きる環境に合わせて記憶や感情は取捨選択されていく。筆者を含め、Kさん、Tさんにとって最も守るべき対象は家族の形であり、人間同士の関係であった。震災の記憶や感情に特別な意味が最初から存在することはなく、記憶する本人によって意味づけられる。発災直後、筆者とKさん、Tさんにとって被災体験そのものの記憶や感情は、必要のないものだった。

おわりに

あまりに甚大だった震災の記憶は、いまだ人々の心の中に大きく残っている。直接的な被害がほとんどない場合でも、記憶や感情そのものの存在が人間関係に変化をもたらし、心理的に被災してしまうこともあるだろう。記憶と感情は実態として存在せず、言語化のプロセスなくして他者が触れることはできないために、このような心理的被災が表立って扱われることは実際のところは少ない。「震災の記憶を風化させない」「記録を後世に残していく」。本書もその役割の一端を担っていることと思う。しかしながら本章ではあえて「行方不明のままにする」という選択肢も取り上げることとした。甚大な被災事例の陰に埋もれてきた、彼らのような被災当事者の心はいまだに癒えていない。軽度の被災であったからこそ生じた複雑な感情にじっと耐え続け、震災から8年半を経てようやく向き合い始めた姿なのである。

参考文献

雁部那由多・津田穂乃果・相澤朱音 2016『16歳の語り部』ポプラ社

金菱清 2016『震災学入門――死生観からの社会構想』ちくま新書

金菱清（ゼミナール）編 2018『3・11霊性に抱かれて――魂といのちの生かされ方』新曜社

近藤卓 2012『PTG 心的外傷後成長――トラウマを超えて』金子書房

斎藤幸男 2018『生かされて生きる――震災を語り継ぐ』河北新報出版センター
鳥越皓之 2002『柳田民俗学のフィロソフィー』東京大学出版会
東松島市「東松島市の被害状況」
https://www.city.higashimatsushima.miyagi.jp/index.cfm/1,1055,122,html（2019. 8. 27 閲覧）

第6章　ある宗教者を変えた肉親の死――曖昧な喪失の当事者になるとき

東松島市大曲地区

茂木　大地

はじめに

宗教者は、職業上死について習熟している、いわばプロフェッショナルである。死が身近な存在であり、葬儀や法要というかたちで死者と生者をつなぐ役割を果たしている。そんな宗教者を変えたのが未曾有の災害、東日本大震災であった。ある宗教者は震災で母親と妹を亡くしている。妹は見つかったが、母親は震災から9年近くになろうとする現在も遺体が見つかっておらず、行方不明のままである。

この宗教者は、母親の葬儀をあげるのに4年もの歳月を要した。なぜ葬儀に長い年月がかかってしまったのだろうか。宗教者はいつでも葬儀をあげられる環境にあるはずである。本章ではその理由を考察しながら、震災時の宗教者の活動と震災による心境の変化を明らかにしたい。

写真 6.1　プレハブで建てた萬寶院の仮本堂（東松島市大曲 2019. 9. 17）

1　助けるなら徹底的に

1.1　震災時の東松島市とお寺の被災状況

東日本大震災によって宮城県では1万5665人の死者（震災関連死含む）、1220人の行方不明者が犠牲になった。その中で宮城県の中部にあり、仙台湾沿岸に位置する東松島市では、死者1109人（震災関連死66人を含む）、行方不明者24人（東松島市 2019. 1. 1 現在）であった。宮城県では3番目に犠牲者が多かった市である。その死者・行方不明者の中に東松島市大曲地区にある萬寶院《まんぽういん》（写真6・1）の住職、石川《いしかわ》仁徳《にんとく》さん（写真6・2）の母親の公子《ともこ》さんと妹の律子さんも含まれている。

一般的に寺院は、檀家寺・信者寺・観光寺に大別されるなかで、萬寶院は信者寺だった。信者寺はお寺を訪れた人の参拝料、特別な行事の際の寄付金、境内でのお札、お守りなどの販売収入で運営されている。震災で本堂を流され、参拝する信者がいなくなり、檀家を持たなかった萬寶院は、収入源を絶たれることになった。

東日本大震災による寺院の被災状況において、本堂が全壊した寺は全国で167件報告されている。これは阪神・淡路大震災の204件と比較すると少ない。直下型地震と地震+津波という災害形態の違い等が関係していると考えられるが、東日本大震災によって何らかの被害を受けた寺院総数は阪神・淡路大震災の2・5倍に迫る4767件であった（藤森 2013: 51）。

被害を受けたお寺は多い一方、全壊したお寺は少ない。萬寳院はそうした数少ないお寺の一つであった。東松島市にあった石川さんの自宅と本堂は津波に流され、震災の被害を受けて身ぐるみ剝がされた状態になったといえる。

写真 6.2　萬寳院住職　石川仁徳さん（萬寳院 2019. 9. 17）

1.2　被災者への支援活動

石川さんは震災以前、母親の公子さんと妻と子供3人の6人で暮らしていた。父親は震災前に亡くなっている。妹の律子さんは東日本大震災の2日前に発生した三陸沖地震での揺れを心配し、実家に来ていた。

石川さんは震災当日の3月11日正午まで東松島市にいたが、用事があり仙台市に出向いていた。用事を済ませ東松島市に帰ろうとしていた矢先、地震が発生した。地震の揺れが収まらないうちに妹にすぐ電話をかけると、奇跡的に電話がつながった。母親が震災時80歳で高齢だったため、妹は母親と近所の人と一緒に車で避難していたが、道路の渋滞に巻き込まれてしまった。石川さんは母親と妹に電話越しで声をかけ続けた。妹は「車の中にいる。津波の水が後ろから追いかけてくる。津波の水が腰までつかった。流される」と話し、電話がプツンと切れた。そのとき、母と妹の死を覚悟したと石川さんは語る。

石川さんは自分自身も被災者でありながら、震災の翌日から東松島市大曲地区の住民に支援活動を行った。支援活動よりも先に供養をと多くの住職から言われたが、亡くなった人に申し訳ない気持ちを抱きつつ、震災直後は生きている人が優先だと考えた。

ガソリンの供給がままならないなかで、自家用車を「支援活動車」に指定してもらい、実際に避難所に何度も足を運び、必要だと感じた食料・物資を配った。焼いたパンにバターをつけて食べたいという人にトースターを渡したり、寝ているとは思えないほどに多く寝返りを打ち、寝苦しそうにしている人を見て、低反発枕を配ったりした。欲しい物は一人ひとり違うためにできるだけ要望を聞き、それに応え続けた。また、避難生活の疲れを癒してもらうために被災後なかなか食べられなかった焼き肉をふるまった。近郊の病院から看護師、ケアマネジャーを派遣してもらい、血圧等を測りながら人の交流の場をつくった。さらに無料で温泉にも招待した。支援をするうえで過剰なほどの物資を用意したが、石川さんは「平穏無事に暮らしていたその毎日の中で必要なものは、すべて必要なんだよな」と話す。

多くの人が避難所から仮設住宅に移った後、移動手段がなく職場に行けない被災者の自立支援のために、中古車を募り必要としている被災者に寄付した。その台数は78台にも上り、寄付する際には車検の期間が残っているか、残っていない車は車検代も同時に渡すなどした。萬寳院の本堂再建の資金や行方不明の母親の生命保険金も、すべて支援活動に回した。地域の民生委員の協力を得て名簿を作り、季節の行事を積極的に開催した。誰もが震災前の日々に戻りたいと願っている。だからこそ震災以後忘れがちな夏祭り、クリスマスなどの季節のイベントを仮設住宅で企画し、それを活力にして頑張ってもらいたいという想いを込めた。

石川さんは震災以前、宗教者としての存在にわずかばかりモヤモヤを抱えていた。

「坊さんの存在って何なんだろうっていう大きな疑問ではないんだけど、手探りの状態にあったことは事実」（19・9・17）。

だが支援活動を通して、石川さんは「他の人よりも信頼に基づくつながりと物を集める力があったと認識できた」と話す。「他が為に僧侶は有る」を念頭に生きてきた石川さんだからこそできた、宗教者としての支援活動であった。

震災から8年半経った現在も、石川さんはイベントの協賛として支援活動を継続している。母親が行方不明ではなく、遺体が見つかっていたら「より支援活動に力が入った」と語る。母親は厳しい人で、もし何もしないでいたら「お前はみんなの痛んでいる姿を見て何もしないのか」と叱るような人だった。だからこそ支援活動をすることで自分の心を落ち着かせるとともに、母親と妹に対して恥ずかしくない行動をとろうとした。

1.3　犠牲者の供養

石川さんは、生きている人を優先しながら供養も行った。震災時は本堂が流され、連絡が取れなくなった人が多くいたため、公民館などの公的施設に連絡先の貼り紙をした。宗派を問わず、無償で供養した世帯は震災から9年間に、2千世帯にも上る。場所も各避難所、遺体安置所などさまざまであった。2011年5月に山形県の米沢市で行われた妹の火葬も、見ず知らずの人の火葬の供養を優先してお別れに行かなかった。普通ならば身内の火葬よりも他人の供養を優先するのはありえないが、貼り紙をした段階で「そういう日が来るのも覚悟していた」と語る。供養をためらう行方不明者の遺族にはあえて自分の境遇を語り、供養を促すこともあった。

震災から2年が経過した13年3月11日には、犠牲者弔いのために三日三晩寝ずに、住職7、8人で般若心経を千巻唱え続けた。休憩は水分補給とトイレ休憩のみであった。毎年3月11日は萬寶院の仮本堂で継続して行っている。

2　葬儀

2.1　葬儀をあげるタイミング

石川さんは行方不明の母親の葬儀をあげるのに4年の歳月を要した。震災から葬儀までに時間がかかりすぎるように思われる。実際に葬儀をあげるタイミングはなかったのだろうか。

石川さんは支援活動をしながら各避難所を回り、母親と妹を探していた。その結果、妹は5月に石巻市の青果市場の遺体安置所で見つけることができた。妹の仮葬儀は5月に行った。しかしながらそのとき、母親の葬儀を同時にはあげなかった。この時のことを石川さんは語っている。

「人って目でご遺体を見て、目で確認できるものがないと、次の一手を打つことができない場合もありますよね」(19・6・1)。

11年8月には石川さんは母親の死亡届を役所に提出した。実質的に母親とのお別れであった。行方不明者遺族は遺体が見つからないため区切りがつけられないことも多く、あえて区切りをつけない人もいる。あるいは、死亡届、葬儀、月命日などの際に思い出し、だんだんと区切りをつけていく人もいる。石川さんは死亡届を出した時だけが区切りになったと語る。この最初で最後の区切りの時に母親の葬儀をあげなかった。

妹が見つかり、死亡届を出した時に周りの人からも「いつ葬儀をするんだ」と何度も言われた。しかしその時も葬儀をあげなかった。

一般的に葬儀をあげるタイミングとして、行方不明者遺族は肉親が2人以上亡くなった場合、遺体が見つかった死者と同時に行方不明者の葬儀をあげることが少なくない。石川さんの場合、妹の律子さんの遺体が見つかった時がこれにあたる。亡くなったと認めていなくても宗教者に促されて葬儀をあげることもあり、葬儀のタイミングは行方不明者遺族でさまざまであった。しかし石川さんは母の死を認めながら葬儀があげられなかったのはなぜなのか。

2.2　葬儀に4年かかった理由

石川さんは葬儀をあげるのに4年かかった理由として、第一に自分よりも他人を優先したことを挙げている。宗教社会学者の稲場圭信は、災害時一部の例外を除いてほとんどの宗教者・団体は、布教を一切しないという前提で救援・支援活動をしていたが、この「宗教的奉仕」を、宗教理念に基づく利他主義として「宗教的利他主義」と述べている（稲場 2011）。一般的に宗教者とは「宗教に深く通じた人。また牧師・僧侶のように布教に従事する人」である。さらにお経を唱え、亡くなった人の葬儀などを行い、財施をもらう代わりに教理、教学を披露する法施《ほうせ》を説く。石川さんは法施も、葬儀も、「世のため人のため」なくして宗教者の存在意義はないと、師匠に教わってきたと語る。

石川さんは震災翌日から支援活動に取り組み、忙しい日々を送っていた。前述したように布教活動なしに被災者が立ち直るまで支援活動に奔走していた。決して自己犠牲ではない。物事にはすべて順番があると思い、自分よりも周りを優先し供養を行っていた。震災から4年になるにつれ、供養などの依頼が減少してきたため、自分も葬儀をあげようという決断に至った。

2.3　心で観じる

亡くなったことを認められない行方不明者遺族は、時間が心の傷を癒してくれる場合も少なくないが、石川さんは4年という時間に「特段の意味はない」とも話す。

五感で使われる「感」とは違い、心で悟る「観」の結果、4年になった。観とは「止めて捕まえて、じっくりと解剖のごとく観る。われわれ宗教者の観ずる見方っていうのは正面を見て同時に裏を見るっていうかね、それを膨らませて思い描く。観想すること」と石川さんは話す。

3　行方不明者遺族として

3.1　葬儀をあげない理由

石川さんは震災後、葬儀という言葉を嫌っていた。

「私の中の葛藤があって、遺体が見つからないのにっていう」(19・6・1)。

母親の遺体が見つからないのに、葬儀をあげることに後ろめたさがあったと考えられる。宗教者として便宜上葬儀と言わなければならないこともあったが、できるだけ供養という言葉を使うようにしていた。石川さんの中で葬儀と供養は別のものである。葬儀は形式ばったものであるのに対して、供養は「頭の中で故人に想いを馳せるだけで供養になる」と語る。葬儀こそあげていないものの、母親の供養は頭の中で何度も行っていた。

石川さんを含め行方不明者遺族は、ご遺体のある死に直面することはない。一般の行方不明者遺族の中には、もしかしたら生きているのではないかという感情になり、死を認められず葬儀に踏み出せない人もいた。震災から9年になろうとする今でも、葬儀をあげていない人もいる。

「対象がないと人って心を引かれないんですよ。ずっしりとしたお骨があったり、位牌があるからみんなそこに心を持っていく手段として簡単に入り込める」(19・7・21)。

石川さんは行方不明者遺族に葬儀をあげることを強制したりはしなかった。宗教者として行方不明者遺族の迷いを追認し、心の苦しみや悩みを解決するよう尽力する。生と死のはざまで葛藤する行方不明者遺族に救いの言葉を投げかける。

3.2　葛藤

石川さんは母親の生と死について悩んではいない。一般の行方不明者遺族と異なり、死が身近な宗教者だからこそ、常識的に死を認めることができた。

「妹が出てきたことによって〔震災発生時〕同じ車の中にいたんだから、母親だけが助かるわけはないんでね、常識的に。生きてもらいたい、絶対生きてるはずなんだという考えには、私は進めなかったですね」（19・6・2）。

石川さんは遺体が見つかり、その後に葬儀をするという段取りを頭の中で立てていた。遺体が見つかると信じ、ＤＮＡ鑑定を待ち、支援活動の合間を縫って警察などの捜索機関に足を運んでいた。しかし震災から年数を経過するにつれ、機関の窓口も小さくなっていった。常識的に死を認めているなかで遺体が見つかる理想と見つからない現実。そのはざまで石川さんは葛藤した。

さらに４年という歳月がかかってしまったことはこのように述べている。

「ある意味みなさんにも期待を持たせる、4年間のうちに遺体が見つかるであろうという期待を持たせるのも必要なのかなと思ってね、私のためじゃなくて。だから無意識の中でみんなの『そろそろ葬儀をしたら』という言葉を待っていたのかもしれませんよ。みんなが諦めるなら私も諦めてもいいんだろう。それを口にしてもいいいんだろうとね」（19・6・1）。

この言葉には矛盾があるように思う。葬儀は自分のためではなく他人のためにするものだと石川さんは話していた。しかし周りに促されても母親の葬儀をあげなかったにもかかわらず、周りの人には遺体が見つからないことで死の追認を求めていた。石川さんは宗教者であり、死を追認する立場である。しかし無意識の中で行方不明者遺族として「曖昧な喪失」（家族療法家のポーリン・ボスの概念による）と向き合っていた。葬儀をあげるタイミングを考える際、宗教者よりも行方不明者遺族としての姿が勝っていたともいえる。

3.3　葬儀をあげた後の心境の変化

石川さんは震災から4年後に、母親の葬儀をあげた。仮葬儀のままだった妹と母親の葬儀を同時に行い、多くの人に参列してもらえた。葬儀以前は妹と母親を東松島市においてきたという想いがあった。震災2時間前まで東松島市にいたにもかかわらず、ひとりだけ仙台市に出向いたからだ。そのせいで震災後ずっと「なんで自分だけ助かってしまったんだ」という罪悪感があった。しかし4年経って葬儀をあげた後、改めて考えて精査してみると、残された人間の役割を考えられるようになった。罪悪感が使命感のようなものに変化し、お寺を守っていかなければならないと強く感じるようになった。葬儀は心境を変えるきっかけになったといえる。

4　行方不明者遺族の宗教者として死を受け容れる

4.1　物故者から犠牲者に

石川さんは震災後、宗教者でありながら行方不明者遺族になった。行方不明というものは仏教の教えにはない。行方不明の考え方は一般の人と同じである。肉親の死を機に、宗教者という立場に行方不明者遺族という立場が加わることにより、二つの姿をもつ宗教者に変わったといえる。石川さんの中で、母親と妹の葬儀をあげる時に変化した考えがある。

亡くなった人を物故者という呼称があるが、石川さんは震災以前、物故者という言葉を普通に使っていた。決して悪い言葉ではない。しかしながら石川さんは母親と妹の葬儀をあげる際、物故者というと「物」の漢字から伝わる、物を扱うような違和感があり納得できなかった。そのため葬儀では物故者よりも犠牲者と表すべきだと考えた。さらにその理由を石川さんはこう語っている。

「やっぱりそれは肉親を亡くしたかどうかで測る物差しが変わってくる。だからこれからも供養する時は物故者とはなるべく使わずに、そのお身内の身になってみれば犠牲者と使ってやる。それで悲しみが増すこともないことはない。やっぱりわれわれから亡くなられた方に手向ける気持ちとしては丁寧に扱ってやりたいという気持ちがあるから犠牲者を使う」(19・5・9)。

肉親を亡くしていない宗教者からすると物故者の霊であっても、石川さん自身が葬儀をあげた後に建てた位牌、供養碑には犠牲者の霊と刻まれている(写真6・3)。石川さんは葬儀をあげるまでは物故者という言葉に何の抵抗もなかったが、犠牲者という言葉に変えたように、より死者を思いやる立場に変わった。宗教者として行方不明を当事者の目でとらえるまでにかかった期間が、葬儀までの4年という歳月だと考えられる。石川さんは震災で肉親の死を当事者として経験し、葬儀をあげたことで新たな視点を広げた宗教者になったといえる。

4.2 曖昧な喪失の当事者になるとき

写真 6.3 震災犠牲者と刻まれた供養碑(同上)

石川さんが葬儀までに4年という歳月を要した理由は、当然支援活動なども関係しているが、一番大きい理由は遺体が見つからない、つまり「曖昧な喪失」であったことである。宗教者は職業上、死を身近にみる存在である。しかし、たとえ宗教者であっても未曾有の災害によって曖昧な喪失の当事者になると、葬儀をあげることが難しくなる。なぜなら宗教者のような死を追認する立場の人が、宗教者自身には存在しないからである。

本来は宗教者である自分がその立場であるために、「葬儀をあげた方がよい」という強制力を伴う助言を与えてくれる人がいない。だからこそ、石川さんのように遺体が見つかるまで諦めきれないまま、葬儀を行うタイミングが本人の意思に任され、自己準拠による追認の時間を必要とすると考えられる。

曖昧な喪失は、宗教者であっても簡単に受け容れられるものではない。遺体が見つからないとなかなか葬儀に進めない現実があった。つまり、宗教者自身が曖昧な喪失の当事者になると、葬儀をあげるまでに多くの時間を要する可能性がある。

おわりに

19年現在もなお2500人超の行方不明者がいる。行方不明者遺族は、今でも亡き人の帰りを待つ。震災で肉親を亡くした傷を治すことはできなくても、傷を癒すことはできるはずである。その一つの手段が葬儀であり、葬儀は人との別れの儀式として必要であり、ポジティブな区切りや心境の変化を生み出すものである。

だからこそ葬儀を行う宗教者に焦点をあて、宗教者が行方不明になった肉親の葬儀をあげるのに4年という歳月を要した理由を考察してきた。宗教者という職業上の立場に立つ石川さんは震災をきっかけに、一人の行方不明者遺族の姿を合わせ持つようになった。

葬儀に4年かかった理由として、石川さんはさまざまなことを教えてくれた。物事を淡々と語るその口調や態度からは、行方不明者遺族の姿は見えてこない。決して弱音は吐かず、私自身も行方不明者遺族の調査であることに注意を向けられないほどだった。しかしながら、石川さんの言葉一つひとつを繙いていくと、宗教者でありながら子であり親であり家族がある一人の行方不明者遺族であることが見えてきた。

石川さんは支援活動を通して多くの人を助けた。仏道に深く帰依した宗教者はこれからも葬儀や法要に献身するのみならず、再び起こる大災害の際には悩みを抱えている人や助けを必要としている人に手を差し伸べる。

参考文献

ポーリン・ボス　南山浩二訳 2005『「さよなら」のない別れ　別れのない「さよなら」——あいまいな喪失』学文社
藤森雄介 2013「仏教の活動」稲場圭信・黒崎浩行編著『震災復興と宗教』（叢書宗教とソーシャル・キャピタル 4）明石書店
星野英紀・弓山達也編 2019『東日本大震災後の宗教とコミュニティ』ハーベスト社
稲場圭信 2015「宗教的利他主義」『未来共生学』2: 13-29.
稲場圭信 2017「宗教社会学における災害ボランティア研究の構築」『災害と共生』1 (1): 9-13.
日本仏教社会福祉学会東日本大震災対応プロジェクト委員会　淑徳大学藤森雄介研究室 2015「東日本大震災における日本仏教各宗派教団の取り組みに関するアンケート調査報告書」
新谷尚紀 2009『お葬式——死と慰霊の日本史』吉川弘文館

吉成勇樹 2018「無力と弱さを自覚した宗教者の問いかけ――遺族の心に寄り添う僧侶」金菱清（ゼミナール）編『3・11霊性に抱かれて――魂といのちの生かされ方』新曜社：29-45.

東松島市「東松島市の被害状況」
https://www.city.higashimatsushima.miyagi.jp/index.cfm/1,1055,122,html（2019.1.9 閲覧）

宮城県「東日本大震災の地震被害等状況及び避難状況について」
https://www.pref.miyagi.jp/site/ej-earthquake/km-higaizyoukyou.html（2019. 1.9 閲覧）

第7章　死を追認しない供養のあり方
——本音と向き合う遺族の葛藤とレジリエンスの獲得

松永祐太朗

石巻市蛇田・南浜町

はじめに

人が亡くなった際には葬儀を行う。これは昔から行われてきた慣習であり、疑問に思う人はいないだろう。しかし、そこに疑問を抱かざるを得ない時があった。それが東日本大震災である。ご遺体は津波に流され、遺品すらないケースも少なくない。生きているか、亡くなっているか定かではない状態でも、ご遺族は葬儀を行わなければならないのだろうか。

供養では死者の冥福を祈るが、その意味ではこれも死を認める行為に当てはまるのだろうか。そうだとすると、行方不明の家族がどこかで生きているかもしれないと思いながら行う供養には、従来とは異なる意味合いがあるのだろうか。本章では、葬儀と供養はどのような意味をもつのかを、行方不明の家族の帰りを待つご遺族を通して明らかにしていこうと思う。

1　孤独と支え

1.1　孤立無援

東日本大震災の津波被害で妻が見つかっていない宮城県石巻市在住の荻原哲郎さん（81歳）は、葬儀を未だ行っていない。理由は、遺骨も見つかっていない状態で死を認めることはできないからである。しかし、荻原さんは妻の供養は欠かさず行っている。

震災当時、精神的ショックを受け自分の事がわからなくなり、病院に入院しているところを発見された行方不明者が実際にいたという。そのため荻原さんも、もしかしたら妻が自分のことをわからなくなって病院に入院しているかもしれないと考え、震災翌日から45日間朝晩通して探し回ったが、見つからなかった。当時荻原さんが住んでいた石巻市南浜町の自宅建物は津波の影響で崩れ、その後には深さ40センチもの泥が積もっていた。そこには遺骨やら何かがきっと眠っているはずだと思い、役所に陸地の捜索を幾度も働きかけたが、動いてはくれなかった。

そこで周りの住民に協力を求めたが、安全が確認された人々はあまり協力的ではなく、最終的に市が土地の嵩上げ工事を行ったため、捜索は難しいものとなった。役所にも立場があることは十分理解していたが、それがとても悔しく、悲しくやるせない気持ちになった。

そして現在も妻は見つかっていない。遺骨の存在は大きな位置を占めており、荻原さんは毎月11日にお参りをしているという。その際お墓には行かず、震災以前に住んでいた南浜町の土地に行く。なぜなら、妻はお墓にはおらず、最後にいた場所は自宅だからである。自宅のあった団地では現在工事が行われており、立入禁止となっている（写真7・1）。妻の捜索を目的に工事現場への立ち入り許可証の発行を要請しているが、市はなかなか受理してくれないという。ゆくゆくはそこに「石巻南浜津波復興祈念公園」ができる。そのため、自宅の跡地に立ち入ることはできないが、離れた道路に立ち、家のあった方めがけて「おかあー」と妻を呼ぶ。このように、同じ被害を受けた地元の人にさえ十分な理解を得ることができない孤独な姿がある。

あるご遺族は東日本大震災で息子さんを亡くし、遺体が見つかっている。

「私たちは見つかったからいいけど、まだ見つかっていない人には申し訳がない」（18・6・17）。

また、津波の被害を受けたJR旧野蒜《のびる》駅を改装して造られた「震災復興伝承館」に調査にうかがったとき、職員のかたにも次のように言われた。

「遺体が見つかっているならまだしも、見つかっていない人を紹介することはできない」（18・7・2）。

このことからも、家族が行方不明として今も見つかっていないご遺族の方とそうではない方には、埋めることのできない溝があることを、私自身肌で感じることになった。

写真 7.1　津波によって埋もれた荻原さんの自宅跡地（石巻市南浜町 2019. 9. 21）

1.2　会長職という心の支え

荻原さんは震災の被害を受け精神的に相当参っていたが、周りの状況を改善しようと、震災翌年から仮設住宅団地の会長職を引き受けて団地住民への声がけを積極的に行った。当時は、この会長職が生きがいだった。喪失体験からの回復において、亡くなった家族のことを考え込む状態を没頭というが(1)、これを回避するためにご遺族が仕事に集中することがある（吉田 2012）。そんな仮設住宅も2017年の12月には取り壊され、現在は石巻市蛇田地区にある復興住宅に住んでいる。

当時、荻原さんを支えていたものの一つに、間違いなく会長職も含まれるだろう。事実、荻原さん自身も会長職を務めたのは他人のためでもあったが、本当は自分のためでもあったとおっしゃっている。最終的に、仮設住宅の会長職を2012年4月から17年4月までの5年間務め、引っ越してきた復興住宅の会長職も1年間務めているため、結果的に合計6年間会長職を務めた。また、調査を行うなかで、私にとって特に印象深かった言葉は、さすがにもう亡くなっていると思う一方、妻の死は自らが亡くなるまで認めることはできないというものだ。会長職は荻原さんの悲しみを一時的に和らげてくれたかもしれないが、決して妻への気持ちが変わることはなかったわけである。そうだとすると、葬儀に意味を見いだすことができないこともうなずける。

2　死の追認作業と心の差異

2.1　葬儀の意義

そもそもなぜ人は葬儀を行うのだろう。ここには大きく三つ理由がある。一つめは、亡くなった人の生前の遺徳を偲び感謝すること。二つめは、亡くなった人との仏縁を感じそれを相続すること。そして、最後は遺された人が死を受け容れ、心の整理を行うことである（現代の葬儀を考える僧侶の会 2018）。

葬儀は時にカウンセリングよりも家族を慰めることがあるが（長谷川・若島 2015）、遺体が見つからず、通常通りの葬儀を行うことが難しいのが行方不明者である。遺骨がない場合、葬儀はどうすればよいのだろう。その葬儀は、遺族にとって何の意味があるのだろうか。

葬儀を行ってもそこに亡き人の面影はなく、死を受け容れることのできないご遺族にとっては、心の整理どころか苦しみさえ与えてしまうのではなかろうか。ここに本来の葬儀への矛盾を感じる。

2.2　行方不明の場合の死亡届

ここで、葬儀を行う際に必要な準備事項を説明したい。日本では大半の方が亡くなれば火葬を行うが、その際に市区町村に死亡届の提出が必要になる。死亡届を提出するには、臨終に立ち会った医師に死体検案書を書いてもらう必要があるが（二村・汲田 2018）、行方不明の場合は遺体がなく生死すらわからないため、失踪宣告という手続きを行うことになる。裁判所は失踪宣告の概要を以下のように定義づけている。

「不在者（従来の住所又は居所を去り、容易に戻る見込みのない者）につき、その生死が7年間明らかでないとき（普通失踪）、又は戦争、船舶の沈没、震災などの死亡の原因となる危難に遭遇しその危難が去った後その生死が1年間明らかでないとき（危難失踪）は、家庭裁判所は、申立てにより、失踪宣告をすることができます」（裁判所ＨＰ）

また、失踪宣告による相続などの社会的継承について以下のように述べている。

「不在者の生死が不明になってから7年間が満了したとき（危難失踪の場合は、危難が去ったとき）に死亡したものとみなされ、不在者（失踪者）についての相続が開始されます。また、仮に不在者が婚姻をしていれば、死亡とみなされることにより、婚姻関係が解消します」（同）

しかし、東日本大震災の際には行方不明者が多数続出したため戸籍法の手続きを簡略化し、できるだけ早く死亡届を受理することを可能にした。

「法務省は、東日本大震災で行方不明になっている人の家族らが死亡届を出す場合、戸籍法上の手続きをふだんより簡略化する方針を固めた。受理した後、できるだけ早く「法律上の死亡」を認めることで、家族が遺産の相続や生命保険の受け取りをしやすくするのが目的。震災から3カ月となる今月11日ごろから実施する予定だ」（朝日新聞 2011.6.4）。

このように、震災から3ヵ月後の2011年6月中旬から死亡届の受理を開始した。なお、後に生きていることが判明した場合、死亡届は取り消すことが可能である。しかし、宗教学者の田中かの子は、死亡届受理の短縮とご遺族について次のように述べている。

「震災による行方不明者の場合は、「特別失踪者」の失踪宣告（死亡宣告）が下り、死亡届が受理される。だが、その「1年」が「3ヶ月」にまで短縮された。遺族年金の支給を早める閣議決定がされたからである。生存の可能性がもはやゼロに等しい状況下でも、帰らぬ人の行方を捜し続ける家族の中には、別離（死別）を急に迫られたかのような、諦められない思いに苦しんだ人もいたのだ」（田中 2018: 19-20）。

つまり、遺族が新たな一歩を踏み出すための一助を担う政策だが、実際のところ、不利益が生じても死亡届を提出しない家族がいることもまた事実である。

2.3 二度目の死の追認

死亡届を提出することで法的な死亡が認定される。逆に言えば、提出をしなければ戸籍上は生き続けていることになる。死亡届を提出することで、本当にいなくなってしまう気がしてためらう家族もいる。

したがって、ある人は震災から6年3ヶ月後に死亡届を提出し、葬儀を執り行った（河北新報 2017. 6. 15 朝日新聞 2017. 10. 1）。震災から5年後、すでに夫の死は認めていたが、やはり死亡届を出せずにいた。しかし、震災で亡くなった友人の追悼式に参加するなかで、やはり供養してあげたいという気持ちが強くなり提出を決意した。その間、夫と会話するように、日々の出来事や心の内をカレンダーの裏に書き込み、6年3ヵ月で250枚を超えた。この場合は本人が死を認めて受け容れているため、死亡届を提出して良かったとコメントを残しており、また葬儀も新たな一歩への一助となったといえよう。

他方、荻原さんは震災の約1年後、2012年2月19日に一晩かけて妻の仮葬儀を行った。もちろん火葬は行っていない。内容は、和尚さんを会場に招き焼香を行い、参列者と会食するという、いわゆる通夜のようなものであった。後から大勢の人に焼香に来られても困るため、事前に訃報と仮葬儀の通知を新聞に出し、あくまでも行方不明という形で周囲に知らせた。その結果約300人もの人が参列したそうだ。葬儀ではなく、仮葬儀とした理由は遺骨がないことが大きく、あくまでも次に会うまでの一時的なお別れ会として、周りの人に促されて仕方なく行ったという気持ちが強かった。

また、死亡届を提出したのも震災から1年後であり、荻原さんにとってこの1年間は葛藤の期間であった。妻の死亡届の書面には行方不明（死亡）と記述されたそうで、警察からの配慮を感じた荻原さんはしぶしぶ提出することを決めた。結果的に9年近くが経った今、さすがに亡くなったと思っているものの、心の奥底では自分が亡くなる日まで妻の死を認めることはない気持ちが勝っている。逆に、遺骨が見つかった際は葬儀を改めて行う希望を持っている（19・8・25荻原哲郎さん）。

彼にとって葬儀とは、認めたくないという気持ちを抑えて強制的に死を追認させられるものであることが見えてくる。つまり、同じ葬儀でも、本人の気持ち次第では喪失体験からの回復どころか、逆に傷をえぐることとさえある。これは、本来あるべき形の葬儀ではない。逆に、仮葬儀は葬儀とは異なり、あくまでも次に会う時までのお別れ会であるため、ご遺族が気持ちを整理する場になるといえるだろう。

2.4 死の追認作業と気持ちの行き先

葬儀は「死の追認作業」となり、遺骨が見つかっていない遺族にとっては負担の大きなものとなる。そのため、葬儀を行わず、死亡届すら提出しない遺族が少なからずいる。荻原さんも仮葬儀は行ったが、本当の意味での葬儀は未だ行っていない。そうだとすれば、冥福を祈る供養も「死の追認作業」になるのだろうか。しかし、荻原さんは妻の供養を毎日欠かさず行っている。そうすると、荻原さんの行為は矛盾していることになる。

荻原さんと話をするなかで、妻の法要を行っていることが判明した。理由を聞いたところ、昔から行われてきたものだからという返答があり、特に深い意味はないのだという。法要は、死の追認の意味を含むはずの供養の一種である。そうだとすると、法要も苦しみを与えるだけの行事だろうか。それとも供養には、従来はないそれとは異なる社会的意味が付与されているのだろうか。

法要は故人の冥福を祈りながら偲ぶ行事であり（二村・汲田 2018）、代表的なものに「四十九日」がある。法要には身内が集まる。つまり、限りなく自分の痛みを共有し合える存在が側にいる時間ともとらえることができる。これは、理解者がほとんどいないケースにおいて重要なポイントであり、遺族の心が再び動き出す場面でもある。家族が行方不明の場合、本当に亡くなったかどうかわからない、奇跡も存在することは否定できず、もしかしたらということもあり得る。可能性が０％になるまで人の希望は消えない。このような状態で一人でいると気持ちが落ち込んでしまう人もいる。

それに対し、法要は定期的に行われ、その際に身内が集まる。その時、感情のもつれは少しほどけ、それが遺族にとって痛みを和らげる一助になるのではないだろうか。実際コミュニティ心理学の観点からも、同じ問題を抱えた人たちが悩みを語り合い、情報を交換することは、ご遺族の悲嘆に対して有効であるといわれる（広瀬 2017）。法要を通してご遺族の悲嘆が和らぐことを、痛み共有の法要と名づける。

3　法要のあり方

3.1　痛みを共有する法要

宗教学者の島田裕巳は０葬《ゼロ》という概念を提唱した（島田 2014）。これは火葬場で遺骨を受け取らない方法であり、墓を守る必要がなく、遺族の負担がなくなるというものである。

「私たちは必ずしも墓が必要だと思うから、それを造っているわけではない。遺骨が残ることでそれを葬る場所を必要としているから、という面が強いのだ」（同：182-183）。

「だからこそ、「千の風になって」という歌が流行ると、それを葬儀や納骨の時に歌う人が増えたのだ。この歌の歌詞は「故人が「私はお墓に眠っていない」と訴える」というのが趣旨である。この歌が2007年年間売り上げ約113万枚の大ヒットという形で支持されたように、皆、墓に故人がいるとは考えていない。千の風になって、もっと自由になった、あるいはなりたいと考えているのだ」（同：183）。

また最近では、東日本大震災において従来通りの葬儀があげられなかったなど、葬儀のあり方が問われており、死者への接触が断片的になることで、死のリアリティを獲得することが困難になってきている（国立歴史民俗博物館＋山田 2013）。現に、荻原さんのように葬儀を行わない人もいるだろう。そこでは法要が重要な役割を果たす。

特に行方不明者は犠牲者の中でもごく少数である。ご遺族は気持ちを共有できる人がそもそも少ない。法要をきっかけに身内は集い、亡き人を想うことで一体化し気持ちを共有し合う。また、法要には葬儀ほど死の追認作業が含まれていないため、ご遺族への心の負担も葬儀ほど大きくはない。実際、荻原さんも法要を行うことに、葬儀のような抵抗感はないとおっしゃっていた（18・11・15）。すなわち、法要は遺族にとって、プラスの効果をもたらすといえる。

3.2 痛みを伴う法要

私たちは、痛み共有の法要はご遺族の心の傷が癒える機会ではないかという希望をもっていたが、しかし、それとは異なる場合があることが調査の中でわかってきた。特に東日本大震災の被害を受けた沿岸部の住民は自分だけでなく、親戚も同等の、もしくはそれ以上の被害を受けていることが少なくない。つまり、震災の話はタブーであるという共通認識がそもそも存在する。また、近年では親戚同士のつながりも希薄になっているため、法要のために仕方なく集まることも少なくない。これらが重なった結果、気まずさが生まれ、それがご遺族にとって重圧となる。つまり、法要はむしろご遺族にとってマイナスの効果をもたらす場合がある。

「最近は、昔みたくみんなでわいわいっていうのはなくなったよね、だから、法要は気まずくてさ、プラスっていうよりは逆にマイナスだろうな」（19・8・25）。

行方不明の遺族があげる葬儀はその人の心のあり方によってさまざまで、葬儀を行うことで気持ちが晴れる人もいれば、よけいに苦しむ人もいる。しかし、少なくとも行方不明になり、1年経たないうちに死を認め、すぐに葬儀を行おうとする人は多くはない。本来は葬儀が初めにあって、その後に法要を行うが、行方不明の場合は法要が先に行われることがある。そして、その法要すらもマイナスとすると、供養を行うことも苦しみでしかないのだろうか。

4　供養における葛藤の顕在化

4.1　経を通して垣間見える本音

痛みの共有は、わかり合える関係があって初めてプラスの効果が発揮されるものであり、なかには親族だからこそ関係が悪化してしまったご家族もあることを見てきた。痛みの共有はむしろ逆効果を及ぼす恐れがある。そこで、個人で行う供養に限定して考察してみる。

荻原さんにインタビューを続けていると、ある日「毎朝経を唱えるの。早く見つかってくれーって」（18・11・15）という返答があった。毎日家に飾ってある写真にお茶を上げ、経を読むそうである（写真7・2）。つまり、葬儀は「死の追認」につながるが、供養は、どちらかというと妻が早く見つかってほしいという気持ちで、行っていることが特徴的である。本来、冥福を祈るはずの供養が、遺骨がないために死を認めることができず、変化した結果ともいえるだろう。

また、妻が生きて見つかることを諦めたとおっしゃっている一方、「諦める」が「死の追認」とはイコールではないことがわかる。つまり、「諦める」は建前であり、本音は「もしかしたら生きているかもしれない」と葛藤する気持ちである。

写真 7.2　荻原さんが妻を供養する祭壇（荻原さん宅，石巻市蛇田 2019.8.25）

4.2 「個人」と「集団」の供養

このように、供養には経を読むような「個人」の供養と、法要のように親族が集まり故人を偲ぶ「集団」の供養があることがわかってきた。「個人」の供養に比べて「集団」の供養は周りの影響を受けやすい特徴がある。法要は痛みの共有を可能にする場であると述べたが、これはすべてのケースに当てはまるわけではない。たとえば、親族だからこそ話せないことやわかり合えないこともある。その点、「個人」の供養は周りの影響は受けづらく、自分のペースで行うことができ、精神的な負荷を避けることができる。事実、荻原さんは毎日行わないと気持ちが落ち着かない。つまり、「個人」の供養は、ご遺族の気持ちの逃げ場所にもなり、精神的にプラスの効果をもたらしている。

4.3 本音と向き合うお参り

荻原さんは、お盆以外に妻の墓参りに行くことはないが、遺品もすべて流されてしまったため、妻が寒くないように納骨棺には綿の着物を上下セットで入れているという。また、海に行き、妻を呼ぶことはあるのか質問したところ、それはないのだという。その理由は、骨はきっと海の底にあって、行ってもどうしようもないからである。

荻原さんは結果的に、妻の面影が一番残っている、南浜町の自宅跡地に妻を探しに行く。誰もが墓に花や果物を供え、故人に話しかける遺族を見たことがあるはずである。それは、墓は本来私たちと故人をつなぐ架け橋のような役割をしているからである。しかし、行方不明者には遺骨がないため、墓参りを行う意味を見いだせない。つまり、そこに故人はいないのである。その意味では震災以前に住んでいた土地に妻を呼びに行く荻原さんの行動は、冥福を祈る供養が変化して、妻は生きているかもしれないという葛藤が顕在化し、本音に向き合った結果といえる。荻原さん自身、妻の事を呼ぶと気持ちがいくらか楽になると述べている（19・2・11）。

5　これからの話

5.1　生きていて亡くなっているという考え

家族の死を受け容れることを受容（飛鳥井による解説。吉田 2012）といい、ここで初めてご遺族の心に平安が訪れるのだが（吉田 2012）、行方不明の場合は死を確定するものがそもそもない。つまり、死を受け容れることが大変難しい状況であり、悲嘆がいつまでも強いまま和まず、日常生活を普通に送ることができなくなる、複雑性悲嘆（同解説。吉田 2012）になりやすい心境が長続きするわけである（同）。そうすると、荻原さんは9年近く経った今も喪失体験からの回復過程にいるのだろうか。

臨床心理学者の中島聡美によると、この場合大切なのは二者択一の考えではなく、生きているかもしれないないし亡くなっているかもしれないというように、選択肢をひとつに絞らず許容し、ストレスに耐えうる回復力を高めることである。死の追認こそが区切りと考えていたが、行方不明とはそもそも曖昧な喪失であるため、無理やり答えを出す必要はない（中島 2019）。

つまり、この曖昧さに耐えられるレジリエンス（回復力）の獲得こそが遺族の課題である。そうだとすると、本音に向き合い、苦痛の逃げ道の役割を担う供養は、レジリエンスの獲得に関わっていると考えられる。また、ミネソタ大学名誉教授のポーリン・ボスによると、曖昧な喪失状況においては個人だけでなく、家族やコミュニティのレジリエンスを活性化させることが重要である(2)。その点を踏まえると、荻原さんは会長職を通して団地のコミュニティを活性化させるのと同時に、それが間接的に自らのレジリエンスを獲得させていたともいえるだろう。

5.2 南浜町の一本松

荻原さんは、団地の仮設住宅の取り壊しを機に、2018年に石巻にある新たな復興住宅に引っ越したがそこでもまた会長職を務めている。荻原さんしかいないと周りの住民の後押しする声が大きく、会長に推薦された。荻原さんはおもに住民への呼びかけ運動を行い、高齢者の孤独死の防止などに努めた。そんな会長職も19年3月をもって任期を終え、今の生きがいは人のために生きることだそうだ。

妻が行方不明になった日から、荻原さんは人生に意味を見いだせなくなっていた。「あのとき、一緒に海の底に沈めたらって思ったね」(19・8・25)。そんななか、会長職を務めるなどして周りのために行動してきた荻原さんは、気づけばそれが生きる意味になっていった。

石巻市南浜町に「がんばろう！　石巻」と書かれた大きな看板があるが、その近くに善海田《ぜんかいだ》稲荷神社がある。2016年に入り、そこに一本の松の木が生えてきたという情報をボランティアの方から聞きつけた荻原さんは、その人と現地まで確認に行った。その松の木は、もともと津波の影響で枯れて切り倒され、その根っこから新しく生えてきたものだった。2019年では、木の高さはすでに荻原さんを超えており、成長は非常に早い(写真7・3)。

写真 7.3　津波で枯れた根元から新たに伸びる松の木（善海田稲荷神社跡，南浜町 2019.9.21）

荻原さんは、この木は亡くなった人のためにせめてもの思いで生えてきたのだろうと考え、市の議員に絶対に切らないようにと懇願した。その結果、その木が生えている土地は石巻にある鹿《か》島《しま》御《み》児《こ》神社の所有であることが発覚し、最終的に木の保護は約束されることになった。また、他にも南浜町に生えてきた木は多数あり、荻原さんにはいつかその木を一ヵ所に集めて、看板を立て復興の象徴にしたい想いがある。それは、この木々が誰かの心の寄り所になりますようにという荻原さんの願いであった。

5.3　まとめ

調査結果をまとめると、まず葬儀はお別れ会として行われることがあることがわかった。ご遺族にとってこれは葬儀ではなく、次に会う時までの一時的な仮葬儀であり、死の追認作業という意味を含んでいないことが特徴である。これは葬儀に代わって、ご遺族が気持ちを整理する機会であり、重要な儀式である。また供養に関して、法要はご遺族にとってマイナスの効果をもたらす場合があり、供養行為自体は死者の冥福を祈る宗教的意味合いよりも、気持ちを表面化させる精神的意味合いがあることも判明した。荻原さんの場合、妻の発見を願い経を唱えることが気持ちの表面化に当たる。供養は本音に向き合うきっかけとなる重要な行為であるといえるだろう。加えて、供養がご遺族の気持ちの寄り所になっていることも重要である。

供養が生と死の境界をなくす意味合いを持つことは行方不明に特有であり、「死を追認しない供養」と呼ぶことができる。つまり、大切な人は亡くなっている可能性が高いが、その反面生きている可能性も決してゼロではないというように、供養は行方不明という現実と曖昧な喪失を再認識し、レジリエンス獲得の可能性をひらく機会になっている。

おわりに

調査を振り返ると、インタビューに当たって、まずは行方不明という状況について私自身理解する必要があった。私がインタビューしたご遺族に次のような語りがある。

「津波を見ていない人には、現実を理解することはできない」（18・6・17）。

そうだとすると行方不明者のご遺族にとっては、まさに神隠しにでもあった感覚に近かったのではないか。これでは死を認めることができないのも納得がいく。インタビューを続けるなかで、行方不明という言葉は私のなかでどんどん重くなっていった。

荻原さんが「妻は今もどこかで生きている」などと言えば、周りの人は「未だ現実を受け容れないのか」とさえ思うかもしれない。そのため、荻原さんは本音を話すことを控えるようになっていった。そもそもなぜ冥福を祈るのかというと、大切な人の幸せを願っているからである。そして幸せを願うからこそ、供養にはその人の本当の気持ちが込められる。「早く見つかってくれ」という言葉も、間違いなく荻原さんの本音の一つであり、供養を通してご遺族が抱えている想いが垣間見えた瞬間であった。

曖昧な喪失では、生か死の二者択一に選択肢を絞ることは、望まれない。その場合、やはり供養はご遺族にとって心の支えの一つであるといえるだろう。しかし、その後レジリエンスを獲得することができるかどうかはご遺族の人生にゆだねられ、また私たちの支援が大きく関わってくる。2020年の東京オリンピックを目前に、復興の意味がいま一度問われている。

注

（1）吉田典史が取材した当時、精神科医で東京都医学総合研究所の副所長を務めていた飛鳥井望氏の解説。本章5.1節の精神医学用語も同じ。

（2）中島聡美はボスからあいまいな喪失におけるレジリエンスの活性化について学んでおり、ボスの発言を中島（2019）に引用している。

参考文献

二村祐輔・汲田健監修 2018『葬儀・法要・お墓・相続の心得辞典』池田書店

現代の葬儀を考える僧侶の会監修 主婦の友社編 2018『お坊さんがイチから教える！ 葬儀・法要・お墓・仏壇のすべて』主婦の友社

長谷川啓三・若島孔文編 2015『大震災からのこころの回復――リサーチシックスとPTG』新曜社

広瀬寛子 2017「医療・保健・福祉の場における実践　緩和ケアと遺族支援」植村勝彦・高畠克子・箕口雅博・原裕視・久田満編『よくわかるコミュニティ心理学　第3版』ミネルヴァ書房：178-179.

石村博子 2013『3・11行方不明――その後を生きる家族たち』角川書店

木村三男・竹澤雅二郎 2012『滅失戸籍再製の実務――戸籍の再製一般から震災による行方不明者の死亡手続まで』日本加除出版
国立歴史民俗博物館＋山田慎也編 2013『近代化のなかの誕生と死』岩田書院
中島聡美 2019「あいまいな喪失と悲嘆の概念と理論」黒川雅代子・石井千賀子・中島聡美・瀬藤乃理子編著『あいまいな喪失と家族のレジリエンス――災害支援の新しいアプローチ』誠信書房：1-28.
島田裕巳 2014『0葬――あっさり死ぬ』集英社
田中かの子 2018『3・11〈絆〉からの解放と自由を求めて』北樹出版
読売新聞社 2011『記者は何を見たのか――3・11東日本大震災』中央公論新社
吉田典史 2012『震災死――生き証人たちの真実の告白』ダイヤモンド社
裁判所 COURTS IN JAPAN　http://www.courts.go.jp/saiban/syurui_kazi/kazi_06_06/

第8章　「区切り」から読み解く行方不明者遺族の歩み
——妻の遺骨が見つかるまでの節目と再生

気仙沼市杉ノ下地区

本田　賢太

はじめに

「お母さんへ
震災からもう六年が経ちますね。今どの辺りを回遊しているのですか。もうそろそろ海から上がってもいいのではないのですか。帰りたくても帰れない所に居るのですか」(『悲愛——あの日のあなたへ手紙をつづる』2016: 165)。

震災から7年余り経った２０１８年12月４日、佐藤信行さんのこの手紙の呼びかけに応じるかのように、信行さんは遺骨となった妻の才子さんと再会した。遺骨が発見されたのは同年10月24日。津波で流

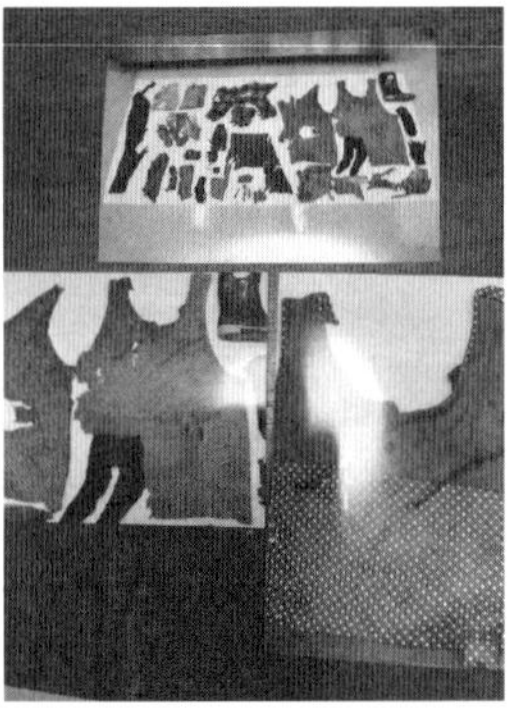

写真 8.1　佐藤信行さんの妻が震災当時身に着けていた衣服（信行さん宅　気仙沼市杉ノ下 2019. 6. 15）

され、海中に沈んだ防潮堤の下に引っかかっていたのである。手足の一部は失われていたものの、ほぼ全身に近いかたちで遺骨が見つかった。当時履いていた長靴や身に着けていた服も、近くから見つかった。「帰ってきてくれて本当によかった」と信行さんは思った（写真８・１）。

1　震災から7年半の区切り

1.1　目に見えない喪失

佐藤信行さんは、宮城県気仙沼市に住んでいる。今回の震災で最愛の妻と自身の母を亡くした。信行さんは気仙沼市杉ノ下地区の遺族の会の会長として、震災後から地区を背負い活動してきた。杉ノ下地区52世帯の方が遺族の会に含まれる。杉ノ下地区ではわかっているだけでも、18名の方が行方不明である（２０１９年３月時点）。遺族の会は、お盆や毎年3月11日に供養を行うことがおもな活動で、供養で供える花を遺族の会で自ら育てることも行ってきた。自分たちで育てた花の方が、より想いは伝わり、供養につながる気がするからである。信行さんは遺族の会のためになることなら何でも行ってきた。会長としての責任や使命を背負い、自分よりも他人を優先し、決して弱音は吐かずに活動してきた。
東日本大震災の遺族には、「目に見えない喪失」が生まれてしまった。被災地では9年近くが経過した今も、防潮堤建設などの「目に見える」復興事業が進められている。しかし、街の復興も、時の経過も「目に見えない喪失」を埋めることはできずにいる。信行さんの「目に見えない喪失」は決して表には出ることはなかった。

1.2 佐藤信行さんの被災体験

佐藤信行さんは、気仙沼市の市民会館で被災した。その日は午後から始まる地区の申告会を前に、いつもより早めに、妻と母と共に自宅で昼食を取った。それが最後の食事になることは、その時思いもしなかった。

申告会を終えた後、今までに経験したことのない強い地震に襲われる。津波が来ると思い、すぐに自宅のある杉ノ下地区に車を走らせた。通称「泥棒坂」を下り、近道を通ろうとするも、大渋滞に巻き込まれる。急がば回れとはよく言ったものだが、後悔した。曙橋を渡るとき、大川の水がないことに気づく。津波が来る。早く進めと心の中で叫ぶ。やっとの思いで国道45号に出ると、道路脇に多くの人がいて、海の方を眺めていた。国道をさらに下ると、道路に瓦礫の山があることに気づく。その時はなぜ道路に瓦礫があるのかわからなかった。ここから先は危険だと判断し、Uターンして農道を通り、家とは反対の山の方へ向かった。運転中は家族のことで頭がいっぱいで気持ちだけが焦っていた。杉ノ下地区は、三陸沿岸にあり、ふだんから避難訓練が身についている。妻はあまり歩けない母を連れて避難所にいるはずと思い、避難所なら大丈夫だろうと信じていた。

高台にある友人の家に車を止めて頼み、積んであった長靴に履き替え、小走りでお伊勢浜の方へ向かう。海の方を見ると、いつもはそこにある防潮堤や防潮林がなく、ＪＲ気仙沼線の線路もなくなっていた。漁船は流されて国道近くまで乗り上げていた。田んぼを横断して、杉ノ下へ向かっていると、下手の方に津波が見えたので夢中で線路の方へ走る。

やっとの思いで、自宅に向かうが、どこも瓦礫の山で真っすぐに進むことができず、足を取られながら地福寺の西側にたどり着く。あまりにも、変わり果てた様子にまるで夢を見ているかのようだった。自宅のあった場所を見て、声も涙も出なかった。外はだんだん暗くなり、雪も本降りになってきていた。

その後、近くの方の救助を手伝っているうちに、消防団に階上《はしかみ》中学校の体育館への避難を促される。家族はきっと中学校へ避難しているだろうと信じて、急いだ。階上中学校の体育館に着くと、中は暗く、懐中電灯で家族を探してみる。大勢の人のなか、後ろ姿が妻に似た女性が目に飛び込んできて、思わず「おーい、俺だ」と呼んでみるが、別の方であった。「妻を見かけなかったか」といろんな人に尋ねてみるが、何も有力な情報は得られなかった。この夜は椅子に座ったまま、寒さと心配でほとんど眠ることができずに、次の日を迎えた。

翌日から、遺体が体育館に運ばれてきた。この時に母もすでに運び込まれていたことが後でわかったが、別の人と勘違いしてしまい、結局母と会えたのは一ヵ月後であった。妻と思われる情報は、なかなか得られないままだった。その年の9月に、母とまだ見つかっていない妻の葬儀を同時に行った。

震災から2年後、遺族の会で恐山のイタコさんに話を聞きに行った時に、「探さなくていいよ、狭いところに挾まれていて身動きが取れない」と、託宣された。それまでは、遺骨は見つかっていないが2年も時間が経過しており諦めていた反面、内心どこかで生きているのではないかという思いもあり、葛藤が起こっていた。イタコさんの「探さなくていいよ」の一言に肩の荷が下り、そこで「死」を認めることができ「一つの区切り」になった。

震災7年後に実際に才子さんが見つかった場所は、「狭いところに挾まって動けない」と言われたように、海中の防潮堤の下だった。妻の遺骨が見つかり、改めて葬儀を行うことで「本当の区切り」になったと信行さんは語った（18・12・22）。

行方不明者遺族にとって「区切り」をつけることは、「忘れる」意味をもつために、「忘れたくない」という葛藤が生じ、前に進めないのではないかという疑問を筆者は抱いた。本章では「区切り」という言葉の原点を繙くことで、妻の遺骨が見つかるまでの信行さんの心の整理をたどっていきたい。

写真 8.2　津波後も残った「龍の松」（岩井崎三陸復興国立公園，気仙沼市 2018.10.8）

2 「区切り」という当事者の問い

2.1 区切りとは何か

信行さんは、聞き取りの際に「区切り」という言葉をよく用いた。「区切り」とは何を意味するのか。本来、「区切り」は曖昧なものを区別するための境界線を表していたり、そこを節目として、「別れる」「忘れる」「再スタート」などの意味合いを持つ。復興において、「忘れたい記憶」と「風化させてはならない記録」は激しいジレンマとなる。前に進まなければならないのに、忘れたくない震災前の景色、記憶が色あせることなく鮮明に浮かびあがる。忘れなければ前に進むこともままならない。「区切り」は「忘れて前に進む」という意味を伴う。

震災による行方不明は、遺族でさえ「死」を認定する過程とタイミングがわからなくなっている。実際に近くで目撃したわけでもない、遺骨も見つからない、もしかしたらどこかで生きているかもしれない、「死」の物的証拠もないため、遺族ははっきりとした「区切り」をつけることができない。したがって、あえて死を受け容れずに生死を曖昧にする遺族も少なからずいる。そのような遺族が死を追認することをせずに、遺骨が見つかってしまうと、曖昧にしていた死をリアルに突きつけられ、ショックを受けてしまうことになる。

2.2 時間理解と境界としての「区切り」

ここで民俗学者の宮田登（1984）を参考に、時間の観念（時間理解）と「区切り」について考察する。キリスト教の聖書中の世界の時間理解は、始まりがあり、終わりがある。その意味では直線的な時間理解のなかで世界は動いていた。そこでは過去・現在・未来へ、不可逆的に時間が流れる。イエス・キリストは神の子として終末を告げにきた者とされた。

一方で、古代オリエント、古代地中海、古代インド世界の時間理解は、自然の季節の循環に基づく円環的であった。春→夏→秋→冬→春と、終わりという概念がなく、時間は循環している。古代インドにおいて、その時間理解が仏教の輪廻転生へとつながる。直線的時間と円環的時間は全く別であるが、時間は必ず連続的に流れるという共通点がある。

古代日本の時間理解はそれに反し、時間は連続的に動いておらず、反復すると考えられていた。昼と夜、冬と夏、乾燥と洪水、生と死、過去と未来など、すべては反復している。『古事記』では天照大神（アマテラス）は昼の神、月読命（ツクヨミ）は夜の神として存在した。昼と夜という異質な二つの世界を括り、一日という観念はなかった。アニメーション映画「君の名は。」（新海誠監督 2016）において、昼と夜の境界の曖昧な時間は黄昏時《かたわれどき》と呼ばれ、神秘的な時間として扱われた。その境界線は神秘的とされ、不思議なもの、人間が触れてはいけない神の所業であった。古代日本の時間理解は連続せず、世界的に見ても異質であることがわかる。

仏教の伝来とともに、円環的時間理解が日本に広まることになる。円環的時間理解と反復的時間理解が混じり合い、日本の時間理解はさらに異質となる。直線的時間理解で考えれば「死」の後には何もなく、文字通り、終わりを意味する。しかし、円環的時間理解においては「生」と「死」は循環している。「生」と「死」はぐるぐる回り、輪廻転生の考えがそこにある。その循環から抜け出すことを解脱《げだつ》といい、悟りの究極の境地とされた。「生」と「死」が反復すると考えていた日本人にとって、円環的時間理解と反復的時間理解が混じり合ったとき、循環する時間のなかに「生」と「死」の「区切り」をつけることになる。本来、循環のなかに「終わり」は存在しないため、意識的に「区切り」をつける考えが日本で独自に発展していく。「死」は魂の循環において「区切り」として大きな意味合いを持つ。

日本特有の反復的時間理解において、反復する二つの領域の境界、はざまが「区切り」を生んだとされる。連続し、流れ続ける時間理解のなかでは、この概念が生まれることはない。日本独特の世界観が「区切り」という概念を生んだと考えられる。

2.3 二度の葬儀

「人間は境界というものを、どちらにも属さないが故に、不安定で不気味なものと考える傾向があるようです。たとえば大人と子供の境というような、目に見えないものもあります。成人式などは、そのような判然としない境を儀礼によって顕在化させているのです。成人式に限らず、このような儀式を通過儀礼と呼びます」(新谷 2006: 166-167)。

民俗学者の新谷尚紀はこうとらえている。境界線上の事柄をはっきりさせることで不安定を脱し、安定化することができる。行方不明という状態は生と死の境界といえる。その曖昧な喪失をはっきりさせる儀礼として、葬儀がある。

行方不明者遺族のなかには、葬儀を行わない方もいる。葬儀をあげることで見つかっていない家族の死を追認することになるためである。

信行さんは妻の葬儀を二度あげている。一度目は妻の死亡届を出した後、震災から8ヵ月後の9月20日に、母と同時に葬儀をあげた。この際に葬儀の前に戸惑いを感じ、檀家である寺の住職さんに尋ねたところ、「信行さんが迷っていては仏さんも迷ってしまいます。遺骨がない状態でも葬儀を行って、供養をしてあげてはどうですか?」と助言を受けた。最初は少し迷った。自ら妻の死を受け容れることになってしまうからだ。しかし、迷っていてはダメだと式を行うことにした。

はじめは死を受け容れることはできなかったが、葬儀を通して、はっきりと妻の死を追認することができた。信行さんにとって死を追認することこそが「区切り」となる。毎日、成仏ができるようにと仏壇に手を合わせ、供養を続けることが習慣となった。この一度目の葬儀では、曖昧な生死を死の方向へと向かわせ、信行さんの中で死を追認させることになった。

震災から7年半後の2018年10月、津波被害で海に流された防潮堤の下から妻の遺骨が見つかり、本人確認やDNA鑑定などを経て、12月4日に信行さんに引き渡され、その日のうちに身内だけで二度目の葬儀を行う。遺骨の発見は半ば諦めていたが、信行さんは語った。

「本当に見つかってくれてよかった。遺骨がどこにあるんだろう、って探すという心配事もなくなって、肩の荷が下りたね。楽になったという言い方は変だけど、ほっとした気持ちかな。本当の意味での区切りがついた」（18・12・22）。

3　信行さんにとっての「区切り」

3.1　節目としての区切り、再生としての区切り

信行さんにとって二種類の「区切り」があった。イタコさんとの会話のなかで「探さなくていい」と言われたことや、遺骨がない状態で葬儀をあげた後についた「区切り」と、遺骨が見つかった後の葬儀での「区切り」。一度目の葬儀やイタコさんとの会話の「区切り」をここでは「節目《ふしめ》としての区切り」（以下、節目的区切り）と呼ぶことにする。心の整理のプロセスのなかで、最終的な「区切り」に向かうまでの段階として死を追認することが、この「節目的区切り」になる。こうした段階を踏まずに遺骨が見つかってしまうと、「生」の可能性がゼロになるリアルな死を突きつけられ、精神的ダメージは大きい。信行さんにとって、7年半の時間をかけ「節目的区切り」として段階を踏んで死を受け容れていくことは、最終的に遺骨が見つかった時の死のショックを和らげることになった。

二度目の葬儀での「区切り」を「再生としての区切り」（以下、再生的区切り）と呼ぼう。葬儀後、信行さんは「遺骨を探すという心配事もなくなって、肩の荷が下りた」と語った。これは不安定な状態を脱し、安定化したことを意味する。それまでに何度も段階を踏み、死を追認したといっても、信行さんの中で完全に妻の「生」の可能性がなくなってしまっていたわけではない。「節目的区切り」はあくまで、妻の死を段階的に追認することであった。これに対して、遺骨が見つかることは「生」の可能性

がなくなることでもある。信行さんはそれでも、「本当に見つかってくれてよかった」と語った。これは、「節目的区切り」をつけた後の心の整理ができていていたからこそ出た、安堵の言葉である。

行方不明という曖昧な喪失の状態で、死を追認するのは容易なことではない。死を追認せず、痛みを温存する遺族も少なからずいるなかで（金菱 2014）、信行さんの強い意志がここに表れている。しかし、死を追認し、しっかりと受け容れているのにもかかわらず、妻が生きている可能性を「忘れる」ことができず、そこに葛藤が生まれていた。信行さんは足枷をつけたまま走り出しているような状態であった。

ではなぜ、「区切り」をつけるのか。忘れないために「区切り」をつけない方がいいのではないか。それでも信行さんは、杉ノ下地区の復興のため、残された家族たちを支えるため、しっかり「区切り」をつけて前を向いてきた。

3.2 心の再生

2.2節で述べた時間理解に基づいて考えると、信行さんの最初の「節目的区切り」は、円環的時間理解のなかで一つの通過点のような意味合いであることがわかる。一方、二度目の「再生的区切り」は、信行さんにとっての足枷が外れ、反復的時間理解のなかで一つの終わりを意味するとともに、本当の始まりの意味が込められていた。信行さんにとって心の再生がまさにスタートしたということができる。

以上をまとめると、信行さんにとって「節目的区切り」は、一度目の葬儀やイタコさんとの会話などの段階を踏んで死を追認したこと。そして、最後の「区切り」として、遺骨が見つかった後の二度目の葬儀は、終わりと表裏一体となった始まりの意味も含む「再生的区切り」であった。

村上春樹の小説の一節に次のような文章がある。

「ドーナツの穴を空白として捉えるか、あるいは存在として捉えるかはあくまでも形而上的な問題であって、それでドーナツの味が少しなりとも変るわけではないのだ」（『羊をめぐる冒険』: 91）

前は空いていなかった信行さんの心の穴。3月11日から妻が見つからず、急に空いてしまった穴をその状態として受け容れ、そのままの姿で活動してきた。信行さんにとって心の穴は大きいものだった。何をしても埋まることはないと思っていたが、遺骨が見つかることで信行さんの心の再生が始まった。震災前のように埋まることはないのかもしれないが、徐々に回復していくだろう。

おわりに

「これまで避難所生活が7ヵ月と仮設生活が7年7ヵ月の月日を思うと、国内外の沢山の方々からご支援を頂きました。励ましの言葉やお手紙は私の生きる支えとなっています。改めまして心から感謝とお礼を申し上げます。東日本大震災では家族と全ての財産を失いはしましたが人との繋がりは今では私の大きな財産となりました」（佐藤信行さん　２０１９年気仙沼市東日本大震災追悼式）。

東日本大震災はたくさんのモノと人を奪っていった。信行さんも大切な人たちと多くのモノを奪われた。愛する妻、自身の母、生まれ育った故郷。それでも信行さんは東日本大震災のことを「忘れられない。決して忘れない」と語る（19・6・15）。信行さんにとっての「区切り」は「忘れる」ということではない。忘れたい記憶だが後世に残さなければならない。愛する妻のことを忘れたくない、生まれ育った故郷を忘れたくない、だからこそ前を向かなければならない。信行さんの強い意志があったからこその心の整理のプロセスであった。

杉ノ下地区のほとんどは災害危険区域に指定されて、人が住めない地域となっている。人はいないけれど、ここに集落があったという記憶を残さなければならない（写真8・3）。信行さんは杉ノ下地区遺族の会の会長として、地区を背負い活動をしてきた。そんな信行さんを支えたのは使命感であった。会長としての社会的立場や病弱な娘さんに父として弱い姿を見せられない。地区と家族のためという活動が信行さんを支え続けた。信行さんの活動はこれからも続いていく。

写真 8.3　東日本大震災慰霊碑「絆　あなたを忘れない」と刻まれている（気仙沼市杉ノ下地区防災広場 2019.2.5）

参考文献

東日本大震災杉ノ下地区遺族会編 2016『永遠に――杉ノ下の記憶』同会
金菱清 2014『震災メメントモリ――第二の津波に抗して』新曜社
金菱清編 2017『悲愛――あの日のあなたへ手紙をつづる』新曜社
宮田登 1984「日読みの思想――神話と習俗」相良亨・尾藤正英・秋山虔編『講座日本思想第4巻　時間』東京大学出版会：3-33.
村上春樹 1982『羊をめぐる冒険』講談社
新谷尚紀 2006『なるほど！　民俗学――どうして敷居を踏んではいけないの？』ＰＨＰ研究所

第9章　原発災害後の〝宙づり〟状態を脱して

――農地への働きかけを継続する仮定的な予見

庄司　貴俊

福島県南相馬市

はじめに

2011年に発生した福島第一原子力発電所の事故（以下、原発事故）、およびその後に国が出した居住制限や避難指示は、原発の周辺地域で生活していた人びとから故郷や仕事を奪った。人びとが慣れ親しんだ土地は、居住や耕作が禁止され、所有者さえ自由に関わることができない場所となった。

本書は「行方不明」について論じてきた。誰か大切な人が行方不明になったとき、残された者たちは、行方不明になった人の生存を現実的には諦めているものの、しかし一方でどこかで生きているかもしれないといった葛藤におかれる。したがって、行方不明になった人の葬儀を行わない例も珍しくない。葬儀はその人の死を追認することになり、残された者はある種の罪悪感に苛まれて「生きているかもしれないという希望」と「死んでいるだろうという諦念」のはざまで、〝宙づり〟の状態におかれる。同様のことが原発被災者にも当てはまると想定される。

本章の目的は、原発被災地における聞き取り調査から、事故前の暮らしに戻れないにもかかわらず、なぜ被災者の人びとが〝宙づり〟の状態を脱することができたのか、その理由を明らかにすることにある。これにより原発被災地の生活再建を考える上で、今後何が重要となるのかについて模索したい。

1　〝宙づり〟状態へのアプローチ

1.1　本章の問い

原発事故それ自体によって、周辺地域に目に見える物理的な損害はなく、一見そのままの姿を保っている。しかし、冒頭で述べたように、事故の影響やその後の規制などによって、住み慣れた土地で再び暮らすことは大変な困難にある。被災者のなかには、故郷には戻れないと諦めつつも、大切な家や土地がそのままあるために割り切ることもできず、〝宙づり〟状態に陥って苦悩し続ける人がいる。

本章では、社会学者である松井克浩の考え方に倣い（松井 2018）、原発災害後の宙づりの状態を、「原発事故後に被災者が不安と迷いを抱えた不安定な生活を送っている状態」とする。実際に、このような状態におかれている原発被災者は少なくないだろう。しかし、本章が調査対象とした集落の人びとは、原発被災地で再び生活することに対して、不安や迷いを抱えていない。正確に言えば、事故当初は不安や迷いを抱えていたが、少しずつそれらは解消していった。それはなぜなのだろうか。本章では、以上の問いを明らかにしていく。

1.2　宙づりを構成する三つの要素

松井によれば、宙づりを構成する要素は三つある（松井 2018）。ただし、松井は避難生活を送る人びとを対象に考えている。したがって、本章では松井の考えに多くを負いつつも、原発被災地で生活する人びとも包括し、宙づりには、以下の三つの喪失が関係するとみる。

まず、一つめは松井が指摘する、「固有の「誰か」として見られ聞かれる手応えの喪失」（以下、固有性の喪失）である。これは避難者だけでなく、被災地に残った者にも当てはまる。なぜなら、故郷に戻ったとしても、周囲の人びとは避難していることから、住民との関わりが希薄化しているからである。これは環境社会学者である関礼子が唱える「生活（life）の復興」概念で、より詳細に説明できる。関によれば、「生活（life）の復興」とは、いかに生き延びるかではなく、いかに生活者としての人間を復興するのか、という点にその目的をおいた復興を指す（関 2013）。単に故郷に戻り、暮らしを再開しても、それは生活者としての人間を復興しているとは、必ずしもいえないのである。

次に、二つめは「当該地域で暮らす者としての時間感覚の喪失」（以下、時間感覚の喪失）である。事故後、原発の周辺地域には居住制限や農作物や海産物などに対する規制が設けられた。被災者は住み慣れた土地に住むことはおろか、そこで従事していた仕事も失った。これは被災者の時間感覚に大きな変化をもたらす。環境社会学者の植田今日子は、新潟中越地震で被災した楢木集落について、「楢木での暮らしは田畠の耕作……といった働きかけを意味し、季節ごとの時間の流れに「受動的」に従う必要がある」（植田 2016: 121）と述べている。だからこそ、地域を去るのは、「時間体系に身を置いて、集落の季節にあわせて半ば受動的に働き続ける主体ではなくなることを意味した」（同）。農業を生業とする人びとの時間感覚について、哲学者である内山節は、「農の時間は円環の時間である。循環してくる時間とともに、村民の農の営みも展開する」（内山［2011］2014: 59）とした。ここでは比較的説明しやすい農家を例としたが、他の生業であっても故郷に住めない／生産活動ができないと、事故前と同じように地域に流れる円環的な時間に身を置くことができなくなる。

最後に、三つめは「元通りの生活空間が取り戻せるイメージの喪失」（以下、イメージの喪失）である。事故後、原発被災地では場所剝奪と呼ばれるような事態が生じている（齋藤 2013）。場所剝奪とは、放射能の影響により生活の安定が脅かされ、同じ地域に住み続ける展望が失われる事態を指す（同）。社会学者の石岡丈昇によると、将来の展望が失われることは、先を見据えた行動が取れなくなることを意味する（石岡 2012）。すなわち、「現在」に縛られた生活を送らざるをえない。事故後の展望が消滅することにより、徐々に事故前の暮らしを取り戻すイメージを持ち続けることが困難になる。こうして松井が指摘する「イメージの喪失」が起きる。

不安と迷いを抱えた不安定な生活は、単に放射能への懸念がもたらしたものではないことが、以上からわかる。この点を明らかにしたことに、松井の研究の意義がある。原発被災地の生活再建を考える上で、今後重要となるのは、この三つの喪失をどのようにして取り戻していくかにあろう。言い換えれば、本章が対象とした集落の人びとが、〝宙づり〟の状態から抜け出すことができたのは、少なくとも三つの喪失に対して、意識的ないし無意識的に対応できていたからだと考えられる。では、いかにして人びとは対応していたのであろうか。本章では「農地への働きかけ」という行為に注目して検討していく(1)。

2　原発事故の影響と農地への働きかけ

2.1　集落の概要

本章が対象とする集落は、福島県南相馬市の南東に位置し、国道6号線の東にある世帯数24世帯の集落である。聞き取りによれば、世帯数は50年前とほとんど変化がなく、くわえて人の流入もあまりなかった。人びとは互いの顔を見知っている、そういった地域である。

本集落では、全24世帯中、半数以上の13世帯が農家（兼業農家）であり、農業をおもな生業としていた。農家が扱っていた、販売目的の作目はおもに春菊と米であり、自家消費目的でその他の野菜も栽培していた。なかでも、春菊は集落の特産物となっていた。労働形態をみると、ほとんどが高齢者であり、とくに女性が大半を占めていた。理由としては、兼業農家であるため、若い世代は街で働いており、また作目が春菊とその他の野菜であったためである。若い世代や高齢男性が農業に従事するのは、畑を耕したりハウスにビニールをかけたりする作業や、本格的な米作の時期であった。

このように春菊と米、自家野菜を中心に、高齢女性が働く農村風景は、原発事故を境に大きく変わる。集落は原発から20キロ圏の境界線をまたぐ形で位置していることから、20キロ圏内（居住が制限された警戒区域）に住居を構えていた16世帯が避難を余儀なくされ、さらに20キロ圏内だけでなく本集落全体に生産制限が設けられたからである(2)。

事故当初は居住および生産制限がいつ解除されるのか、見通しすら立っていなかった。その結果、集落の全農家は生業としての農業をやめざるをえなくなった。農業再開の意志も持ち合わせていない(3)。

2.2 農地への手入れ

人びとは農地と一切関わらなくなったわけではない。農地を荒らさないように手入れを行っている。本節では、聞き取りで得た情報をもとに、三名の集落住民の事故後の活動状況について説明する。

まず、一人めはSさんである。Sさんは70代の女性で、集落に嫁いで50年以上になる。自宅は20キロ圏外にあるため、事故後約1ヵ月の避難生活を経て、集落での生活を再開した。居住が可能であるため、農地(おもに20キロ圏外)の手入れをほとんど毎日行っている。しかし、再開後の1年間は放射能への懸念が拭えなかった。それ以降は不安を抱くことなく活動している。とくに、夏には気温を考慮し、朝日が上がる前の早朝に農地に生えた草を刈るなど、精力的に活動している。

次に、二人めはNさんである。Nさんは60代の男性で、集落で生まれ育った。自宅は20キロ圏内にあるため、集落から約10キロ離れた仮設住宅で生活していた。Nさんは農地(20キロ圏内外の両方)の手入れを行うために、車で30分ほどかけて集落に通っている。通いながら農地の手入れを行うことに違和感はなく、むしろ生産活動をしていた時よりも楽だと説明する。Nさんは春先になると農具の準備を始め、トラクターで畑を耕している。

最後に、三人めはGさんである。Gさんは70代の女性で、Nさん同様集落で生まれ育った。自宅は20

キロ圏内にあるため、集落から数キロ離れた借上げ住宅で生活していた。Gさんも農地（おもに20キロ圏内）の手入れは行っているものの、ひとりで通う手段がないため、Nさんと比較すると不定期的な活動となっている。それゆえ、手入れができる時に懸命に行おうとして、腰など身体を痛めてしまうという(4)。手入れに強い意志をもっているGさんだが、冬は活動を止めている。

このように三人は農業をやめているにもかかわらず、原発事故後も農地への働きかけを続けている(5)。人びとが事故後も、継続して農地に働きかける一因として、恥の意識が深く関係している。

3　宙づりを脱した理由

3.1　恥の意識

集落では、農地へ働きかける行為には大きな意味がある。Sさんは「手入れされている土地をみると、やっぱし集落の人間なんだなぁ」と考え、Gさんも「ここの人間は働き者だよ」と説明する。よく働くことは、集落の人間として当然の行為であったことがわかる。

農家からみると、「よく働く」とは農作業一般を指し、それは働く姿勢と農地の状態により判断されていた。前者は当然であるが、後者は働いた結果として認知されていた。それゆえ、農地が荒れていなければ、たとえ働く姿をみていなくとも〝あの人は昔から働く人なんだよ〟と、農地の所有者は認知される。言い換えれば、よく働くことの指標として農地の保全があったといえよう。では、一方で農地を荒らすことは、人びとからどのように考えられていたのであろうか。

荒らすとは、自然に還すこととも いえるが、Sさんはそのようには考えられないという。なぜなら、農地を荒らすと笑われる／恥ずかしいという考えがあるからである。Sさんは事故後、農業をやめたが、一方で「何も作らなくても荒らすのは嫌だね、今も荒れるとおしょすい（恥）」という言葉を使って説明する。Nさんの妻は、農地の手入れには見栄も含まれているといい、事故後はじめて手入れを行ったことを「正直、田については、隣の田がきれいにされていたので見栄で手入れした側面もあった」と、恥ずかしいという感情もあったと述べる。住民間では農地に〝草を伸ばしていると笑われる〟といった会話が、話されていたとSさんとGさんは口にする。つまり、農家が他者の目を気にかける背景には、恥の意識が関係しているのである。

このように本集落では、農地の保全が、農家として一軒前である証として作用している。言い換えれば、農地を荒らすことは、農家として一軒前であることの証を失いかねない。それが農家の間では、恥として意識されている。Gさんは、「みんなに悪く思われたくないからね」と述べている。つまり、農家にとって農地を荒らすことは、人間関係にも影響しかねない。Sさんによれば、農地を荒らした場合、人によっては恥の意識が強ければ集落の人びとに顔向けができず、疎遠になることは十分に考えられるという（15・10・15）。

生産活動をやめたとはいえ、事故後も農地が荒れることに対して、恥の意識をもっているため、人びとは他者の視線を気にかける。つまり、事故後も継続して農地へ働きかけることにより、「固有性の喪失」を取り戻しているのである。

ただし、農地への働きかけは、けっして適当に行われているわけではない。たとえば、Gさんがそうであったように、農閑期にあたる10月末から3月末の期間は、農地の手入れは誰もしていない。人びとは手入れをしなくとも、農閑期には雑草が生えにくく農地が荒れないことを知っている。反対に、梅雨の時期は、雑草が伸びやすく、農地への働きかけの頻度は高くなる。このように基本的に、草が生え／伸びたら刈る、土が固くなったら耕すように、働きかけないと農地が荒廃する時期に活動し、冬の時期には農地の手入れは行わない。生産活動をやめた人びとも、季節ごとの時間の流れに沿って動いている。

3.2 循環的な時間

人びとが季節の流れに身を置き、他者の存在を前提に活動することによって、集落には以前と変わることのない時間の世界が存在する。なぜなら、人びとが生み出す循環的な営みと季節循環が関係し合うことで、循環的な時間世界が流れるためである（内山［2011］2014）。内山は、「この時間は、他者によってつくられることもないし、自己によって生みだされることもない。互いに関係しあう主体が創造するもの」（同：111）と主張している。また、フランスの社会学者ブルデューは「生活が営まれる時間と空間の枠組みの体系は、規則的な労働が与えてくれる準拠点がなくては、つくることはできない」（ブルデュー 1993: 118）と述べる。たとえ生産性がなくとも、集落で暮らす者として農地への働きかけを続けることは、原発事故によって乱れた時間感覚を立て直す上で、重要な準拠点になっていたといえる。

さらに、時間感覚を立て直すことによって、将来を見据えることも可能になる。農地の手入れについ

写真 9.1　冬に向けてきれいに耕された田んぼ（福島県南相馬市原町区 2015. 10. 27）

ての聞き取りのなかで、Sさんは、3月くらいになると、筆者に語りかけ説明してくれた。

「まだ何も〔農地の手入れは〕していない。他の人もまだしていない。始まるのは4月から」（17・3・7）。

「〔今年は〕急に暖かくなっているから、草が生えているし、そろそろ手入れが始まる」（18・4・2）。

事故から4年後の秋には、Sさんから手入れをしない冬に向けてきれいに耕された田んぼを見せてもらったこともあった（写真9・1）。注目したいのは、Sさんが少し先のことを考え、それを前提に今を動いており、他の住民も同様であったことである。

植田は、「回帰的な時間」という言葉を用いている。それは過去から未来に向かって、らせん状に流れていく予測がつく時間だという（植田 2016）。つまり、季節の巡り合わせに従い、循環的に活動することによって、先の見通しをもつことができるようになる。

しかしながら、農業をやめていることから、人びとが事故後にもつ見通しは、事故前にもっていたそれと比べて不足がある。たとえば、苗を植えようとか作物を収穫しようといった、事故前には組み込まれていた見通しが、事故後は抜け落ちている。松井が指摘する「イメージの喪失」から回復できていないのである。では、どのようにして人びとは、「イメージの喪失」から回復しているのだろうか。再び、農地と人の関係に注目して考えていこう。

4　反実仮想 vs 仮定的な予見

4.1　潜在的な生産性を保つ

人びとは農業をやめ、かつ再開の意思を持っていない。それは生産活動に必要な農具を処分していること、および除草剤を撒布していることからもわかる。荒地としないように農地に手をくわえ維持しているものの、もはや生産性を見込んでいない。けれども、以下のような声がたびたび聞かれる。

「一度荒らした土地を使える状態までするのに一ヵ月くらいかかるが、それは常に手入れをすることよりも大変」（15・1・7）

「農地が荒れるのはいいや、〔荒れた所を農地に戻す〕作業が倍になるから」（15・2・18）

人びとは農業をする際に苦労がないようにと考えている。また、次のような声も聞かれる。

写真 9.2　定期的に手入れされている畑（同上 2018. 6. 7）

「〔集落の他の人の農地も〕いつでも使える状況となっている」（15・2・3）。

「〔一部の土地は荒らしているが〕その他は一応いつでも使える状態にしている」（15・2・24）。

肥料を入れることもなくなったため、農地がもつ生産能力は大きく低下している。それでも、農業を再開可能な状態にあると、人びとは認識している。それは顕在的な生産性がないだけであって、潜在的には生産性は存在している。すなわち、人びとにとっての農地の維持とは、単に荒らさないようにすることではなく、潜在的な生産性を保つことに意味があったのである（写真9・2）。

潜在的な生産性は二種類の予見を人びとにもたせる。ひとつは、人びとの声にもみられるように、いつでも農業ができるという予見になる。近い将来において自らが農業を行う姿を、現実として考えることができる。これは仮定の上で成り立ち、かつ時間軸としては直近の予見であるため、「仮定的な短期予見」と呼ぶことにする。

いまひとつは、いつかは農業ができるという予見になる。たとえ農地と関わっている当人に再開する意欲が湧かなくとも、自分の子や孫が望めば農業ができる状態に農地を維持しているため、遠い未来において子孫が農業を行う姿を想像することができる。これは仮定の上で成り立ち、かつ時間軸としては間違の予見であるため「仮定的な長期予見」と呼ぶことにする。

原発事故は突如として、住民から居住地や生業を奪ったため、「もし原発事故が起きてなかったら……だった」と口にする被災者は少なくない。これを反実仮想という（渡辺 2010）。聞き取りでも「もし原発事故が起きてなかったら、今でも農業は続けていた」と述べる元農家がいた。つまり、生産されていない農地は、元農家にとって反実仮想の対象であった。この反実仮想は「もし……だったならば」と〝仮定する時点を過去に置いているため、現在の状況を変えることはできない〟ことになる。

しかし、上記で説明したように、仮定的な予見は、反実仮想とは相反している。農地は同時に仮定的な予見の対象でもあった。仮定的な予見は、「いつか……ならば」と〝仮定する時点を未来に置いているため、現在の状況は変えられる〟とみなされる。

原発事故から5年が経過した頃から、集落の自宅周辺の小さな農地で自家消費を目的とした野菜栽培がみられるようになった。その家の方にハウスや米作を再開しないかを改めて尋ねると、「自分と家族の分なのでやる必要がない」とか「家周辺で十分だから」と答えが返ってくる。事故当初は、農業が「できない」とみなされていた農地が、時間の経過とともに「やる必要がない（＝必要があれば再開する）」農地に変わっているのである。

以上から、仮定的な予見が反実仮想を打ち消しつつあることがわかる。仮定的な予見は人びとの不完全な将来の展望を埋め合わせていく。そうして「イメージの喪失」から人びとを回復させつつある。

4.2 時間感覚を取り戻す

なぜ人びとが〝宙づり〟状態を脱することができたのか。その理由は、農地への働きかけを事故後も継続した結果、宙づりをもたらす三つの喪失に対応できたからだと考えられる。

「固有性の喪失」は、農地へ働きかけることで取り戻されていた。言い換えれば、人びとは他者から笑われ、恥をかかないように、自らの土地を農地として保とうとしていた。農地に働きかけ続けている限りにおいて、働き手は固有の「誰か」として、他者の眼差しをつねに自覚することができる。

このように人びとは自然の流れに従いつつ、他者の目を気にかけて動くことにより、「時間感覚の喪失」にも対応していた。時間感覚を取り戻せたことで、将来の展望も可能になる。しかし、事故前の暮らしに戻っているわけではないため、事故前の展望と比べると、不足があることは否めない。これは松井が指摘する「イメージの喪失」とも重なっていた。以上の不足については、仮定的な予見が効果を発揮していた。つまり、もし人びとが農業を再開しようと仮定した時に思い浮かべる、自分自身や子や孫の姿が、将来の展望不足を埋めていた。このようにして「イメージの喪失」にも対応していた。

おわりに

生産性をともなわない農地への働きかけは、一見すると、空虚な営みにさえ思える。しかし、実際にはそうではなかった。彼ら彼女らの活動は、原発被災地で生活を再建する上で、きわめて重要な行為であった。これは「早期帰還」や「仮の町構想」といった政策対応では、補いきれないのではないだろうか。たしかに、国の帰還政策や生産基盤の整備を含め、政治的な復興の動きに対して、たとえば、住民票の二重登録などを研究者が提言するのは、被災者の生活再建において重要である点に異論はない。けれども、被災者の生活実践に同時に目を向けることも重要ではないだろうか。少なくとも、本章が対象とした人びとは、意図して農地に働きかけているわけではなかった。「継続した結果、対応できた」と先に述べたのは、人びとが宙づりの状態を解消するために意図的に活動していたのではなかったからである。だからこそ、被災者の生活実践に目を向け、そこに隠されている行為の意義は何かを考える必要がある。原発被災地で生活を立て直す上で、政策では見落とされている部分が、人びとの日々の暮らしの何気ない営みのなかにあるように思えるのである。

注

（1）本章では農地への「働きかけ」および「手入れ」を、雑草を刈る、除草剤を撒く、土を耕すという意味で用いる。また、農地とは個人が所有している農地を指す。

（2）20キロ圏外は緊急時避難準備区域に指定され、緊急時に屋内退避ないし避難ができるように準備を求められたが、居住は禁止されず、事故後も避難することなく居住し続けた人もいた。緊急時避難準備区域は11年9月30日に解除された。また、生産制限の対象はコメで、政府／関係自治体／生産の現場などが一体となって行われた（農林水産省 2013）。本集落の場合、20キロ圏外は２０１２年度から、20キロ圏内は２０１３年度から作付けが可能になったが、農地の除染が完了していなかったことから、作付けの再開は困難であった。しかし、２０１６年７月12日に20キロ圏内の居住制限が解除され、農地の除染が完了して以降、作付けの再開は基本的に可能である。

（3）元農家の人びとは兼業収入や原子力損害賠償法に基づく補償金などで生計をたてている。

（4）なかには農地の手入れを行った後に体調を崩したことから、家族に止められている方もいる。

（5）他の世帯も同様に農地を手入れしている。調査を開始した２０１５年1月時点では、一度も農地の手入れを行っていなかったのは1戸のみ。手入れが行き届かず荒地と化した農地もあった。しかし、その所有者も事情があってできなかったが、手入れを続ける意思はもち続けているとのことであった。

参考文献

ピエール・ブルデュー 原山哲訳 1993『資本主義のハビトゥス――アルジェリアの矛盾』藤原書店
石岡丈昇 2012『ローカルボクサーと貧困世界――マニラのボクシングジムにみる身体文化』世界思想社
松井克浩 2018「「宙づり」の時間と空間――新潟県への原発避難の事例から」第91回日本社会学会大会報告
農林水産省 2013『25年産米の作付等に関する方針』
齋藤純一 2013「場所の喪失／剥奪と生活保障」齋藤純一・川岸令和・今井亮佑『原発政策を考える3つの視点――震災復興の政治経済学を求めて3』早稲田大学出版部：1-24.
関礼子 2013「強制された避難と「生活（life）の復興」」『環境社会学研究』19: 45-60.
内山節［2011］2014『時間についての十二章――哲学における時間の問題』岩波書店
植田今日子 2016『存続の岐路に立つむら――ダム・災害・限界集落の先に』昭和堂
渡辺恒夫 2010『人はなぜ夢を見るのか――夢科学四千年の問いと答え』化学同人

付記　本章は、筆者の論文「原発被災地で〈住民になる〉論理――なぜ農地への働きかけは事故以前と同じ周期リズムで続けるのか」『環境社会学研究』24号および「原発被災地において農地の外観を保つ理由――福島県南相馬市X集落の事例」『社会学研究』103号（いずれも博士論文「災害前の日常性からみる原発被災地域で暮らし直す仮構築の論理――福島県南相馬市X集落を事例に」所収）を加筆修正したものである。

第10章　牛飼いとして曖昧に生きる意味

――原発避難区域に戻った元酪農家の変化

石田　晃大

はじめに

「時々牛を飼うといいいんだよなって思う、だけど毎日だとだめなんだ」（19・5・26渡部隆男さん）

福島県南相馬で酪農を再開できずに迷っている人がいた。東日本大震災の津波により、福島第一原発事故が起きたことは誰もが知っているだろう。その原発事故により、半径20キロ圏内の牛は全頭殺処分されることになった。しかし、これに従った酪農家の一部は牛を自宅に残して避難したため、戻って来た際に目にしたのは、牛が空腹のあまり建物の柱に食い付きながら餓死している光景であった。

避難区域が解除された後は、またこの土地で酪農を再開したいと思い、震災前に住んでいた場所に戻

南相馬市小高区

って来た。「風景も何も変わっていない場所。唯一変わったのは牛がいないこと」であった。この元酪農家にとって牛を飼うことは生きがいだったのだろう。しかし震災から9年近く経った今でも、酪農を再開していない。これは何かに迷っている表れであり、自分をあえて曖昧な立場においている。この曖昧さは行方不明と似ている点がある。生者でも死者でもない、どちらつかずの状態にあることが行方不明の特徴である。

酪農を再開したいのになぜ始めないのかと聞くと、最初、牛が嫌いだからと話していたが、途中から「牛のことが好きだから、牛飼いだから」という不思議な答えが返ってきた。牛が好きならば、再開してもよいのではないかと一般には考えられる。なぜ自らを曖昧な状態にしておくのかを、本章では解き明かしていきたい。また、そこから見える行方不明との類似性として、原発事故が原因で生まれた元酪農家の立場と想いの変化を考察したい。

1　なぜ酪農を再開しないのか

1.1　原発事故によって生まれた二つの立場

２０１１年３月11日東日本大震災が起き、翌12日、福島第一原発から半径20キロ圏内の住民に国から避難指示が出された。４月21日には警戒区域が設定され、立ち入りが禁止された。20キロ圏内から避難する際、牛を生かしておくため野放しにした酪農家も少なからずいた。そのため放たれた牛が無人の家を荒らしたり、家畜が道路を歩いていた様子が目撃された。震災前は牛が好きで牛を飼い、生計を立てていた酪農家がほとんどであったと思われるが、震災後はそのような酪農家は少なくなってしまった。原発事故が原因で、以前の牛飼いとしての想いを取り戻せない酪農家がいる。

　そのため、この事故により新しい立場が生まれたと考えられる。震災後に酪農を再開した人に「牛を殺してしまったことによって申し訳ない気持ちから、再開しにくかった気持ちはありますか?」と尋ねると、牛に対して愛情はない、経済動物として見るしかない、という答えが返ってきた。ここで経済動物とは経済活動に関わっている動物という意味であり、生産性のある動物とも呼ばれる（石橋 2018）。ただ冷たい人ととらえられるかもしれないが、震災後という状況から、経営者としての覚悟が必要だったのだろう。この立場は震災後も牛を経済動物と見ているため、酪農を再開することができた（表の2行目）。

	経済動物として牛を飼う（酪農経営）	牛のために飼う（牛が好き）
震災前	○	○
震災後	○	×
	×	○

　また、原発事故により生まれた立場がもうひとつある。11年5月、警戒区域内の家畜を全頭安楽死処分するという国からの命令が下った。一部の酪農家は、牛をそのまま生かしておいたが、そのような牛は搾乳もできないため、経済動物として飼うことはできない。つまり、人間のためではなく、牛のために飼うのだ。人間の情の面から考えてみれば、原発事故は人間が起こしてしまったため、生産性がなくなった牛を育て続けるのも仕方ないかもしれない。しかし、それでは酪農経営が赤字になる。つまり、もうひとつの新しい立場とは、牛のためを想い、経済動物として見ることができなくなっている立場である（表の3行目）。

この二つの立場は原発事故がきっかけで生まれた。震災後、野放しにされた、馬などの動物を助ける動物愛護のNPO団体も生まれ、活動を始めている。

「屠《ほふ》ることも殺処分も、どちらも牛が最後に迎える結末は死である。だが、屠られて人間の生活に役立つのと、牛が本来持つ役割を全うしないまま殺される殺処分では全く意味が異なる」(石橋 2018: 77)。

酪農家は本来、人間の生活に役立てるために牛を飼っている。しかし、この原発事故により、牛のために牛を飼う酪農家が増えているのは、本来の役割を全うせずに殺処分されるのを避けるだけではなく、牛を死なせて申し訳なかったという想いから生まれた行動である。

1.2　酪農家のなかの亀裂

しかし、牛を殺処分したり餓死させてしまった酪農家から見れば、あまり良い気持ちはしない。なぜなら、自分たちは国の指示に従い、やむを得ず牛を殺したにもかかわらず、一部の酪農家はそのまま育てているからである。殺処分を余儀なくされた元酪農家は次のように語っていた。

「頑張って牛飼ってる酪農家が、テレビなんかで凄いよなぁなんて言われていたりしてるけど、その酪農家は違反をしてるんだぞと言いたい。生かして置いてることはダメなんだから。極端に言えば犯罪してる人がみんなから良いと思われ、牛を置いて逃げた俺たちが、政府の言う通りにした俺たちがなんで愛情ないの？とかって言われると悔しい気持ちはあった。そういう道しかないはずなのに」（19・4・27）。

この原発事故により、酪農家の間に亀裂が入ってしまったことは確かである。目的は同じで、牛と一緒に暮らしたいが、殺処分した酪農家が悪く思われ、食い違いが起きてしまった。これにより、福島に戻って酪農を再開したいと思う人が減ってしまった。

1.3 ひとりの力ではできない酪農

福島県南相馬市小高区大富地区に住む渡部隆男さん（58歳）は、いまだに酪農を始めることができない。2016年小高区大富地区は避難区域から避難指示解除準備区域に変更され、居住が許された。このとき、渡部さんは大富地区に戻ってきたのだが、震災前ほど住民とのコミュニケーションはなくなっていた。

大富地区には大富酪農研究会というグループがあり、その中でお互いに助け合い協力し合うことで酪農を続けることができていた。たとえば、共同で機械を使ったり、地域のみんなで作業し合ったりしていたからである。しかし、震災後は研究会のなかで、酪農を再開しようという声は出てこなかった。また、牛を餓死させてしまった現場を見て、酪農を再開したくないと、牧草地にソーラーパネルを設置して発電用地に変える人もいた。大富酪農研究会の中での話し合いも、今まで使っていた機械をどうするかなど、酪農を終息させる方向だった。そのなかで渡部さんだけは、大富地区でまた酪農を再開したいと考えて戻ってきた。

しかし、風景や景観は前と変わらないが、地域のコミュニティはほぼなくなりかけており、酪農を再開したいができない、つまり、孤立状態に陥っている。大富地区での酪農はひとりの力だけではできない。原発災害は以前住んでいた土地だけでなく、地域のコミュニティまでも奪っていった。

2　原発災害前後の変化

2.1　牛への想いの変化

渡部さんは牛を餓死させてしまい、近くに牛がいなくなったことで、牛のことをよく考えるようになった。目の前から大切な物や人がいなくなると、そのことをずっと考えてしまう経験はないだろうか。渡部さんは牛をなくしてしまったことにより、震災の前後で牛への想いに変化が起きた。

震災前は、牛飼いにとって牛は家族同然であり、牛に対して愛情を持っていたと心の中で感じていた。周りにも「俺は牛飼いだぁ」と自信を持って話していた。考え方が前向きであり、それ以下もそれ以上も考えることはなかった。しかし、震災後、牛を餓死させてなくしてしまったことにより、牛に対して深く考えるようになった。渡部さんは牛への想いをこう話している。

「牛に申し訳ないことばっかしてたなぁ。牛乳も生乳も、うまくなるために改良したりいろいろしたり、俺たちが働きやすいようにしたりしてたのは、牛にストレスかけてたんだなって、動物のこと牛のことを愛していたんだべがなぁ、あんな狭いところに入れて24時間365日繋ぎっぱなしで、なおかつね、餌をガツガツ食わせて、ほんとにいいのかなって思ってきたんだよね」（19・5・26）。

このように、酪農に対して否定的な考え方へと変わっていく。また、渡部さんの語り自体、震災後の牛への想いが多かった。

理由はほかにもある。牛が餓死した現場を実際に見てしまったことである。当時を振り返り、渡部さんは「まるで地獄絵図のようだった」と言う。家畜がウイルスに感染し、全頭殺処分されるというニュースは時折見かけるが、飼い主の目の前で殺されることはない。しかし、渡部さんはわが子のように育ててきた牛が苦しんだ末に死んでいる姿を見てしまい、牛の命の尊さへの想いがより強まったのだろう。

また、長い期間地元に戻れず、同じ土地で酪農を再開することができなかったのも理由のひとつであり、「酪農を再開できない期間が長かったから、牛飼いのことをずっと考えていた」（同）。渡部さんはこの期間、自分がやってきた牛飼いの現実を考え続けていた。このような行動や考え方は、原発事故から生まれた特有の変化であると考えられる。

2.2　現実を受けとめたとき

「ほんとに動物好きな人は畜産業できねんでねぇ」。

渡部さんが重たい口を開いてやっと出た言葉だった。最初、牛が嫌いだからと話していたが、途中から「根っからの牛飼いだから、牛のことが好きだから」と理由を変えていった。牛が嫌いというのは、震災後の渡部さんが震災前の自分を考えたとき、愛情を持っていたものの、結局は牛を経済動物として見ていた自分を表した言葉だろう。そこから渡部さんは理由を変えた。震災後、なくした牛たちのことを深く考えるようになり、牛を心から好きになったのではないだろうか。それは、次の行動からも読み取れる。

渡部さんを含めた大富酪農研究会では、2017年4月、現在使われていない土地に牛魂碑を建てた（写真10・1）。原発事故の犠牲になった牛のために建てた慰霊碑である。碑文には次のようにある。

写真 10.1 大富酪農研究会が建てた牛魂碑
（南相馬市小高区大富地区 19. 4. 21）

「各農家の三百頭余りの牛たちを結果的に餓死させてしまったことは痛恨の極みである。〔中略〕原子力発電所の事故は、私たち農家の日常の暮らしのすべてを奪い、ともに歩んできたかけがえのない牛たちを、「餓死」および「安楽死」へと追いやった悲惨なできごとでした」

このように渡部さんの言葉や行動からは、本来の仕事である牛飼いとしての気持ちを取り戻せなくなっていることがわかる。つまり、経済動物として牛を見ることができなくなってしまった。牛が嫌いと言ったのも、あの頃の自分は牛を好きではなかったという過ちに気づいて生まれた言葉のように思える（写真10・2）。

写真 10.2　地中に埋もれていた牛骨の残骸（南相馬市 2019. 4. 21）

2.3　酪農に携わり続ける

渡部さんは酪農から完全に離れたわけではない。自分自身で酪農は経営していないが、所有する牧草地で餌作りをしたり、たまに酪農を続けている他の酪農家から手伝いを頼まれたりすることがある。もし、本当に酪農を再開したくないのであれば、餌を作ったり、手伝いをすることはないだろう。また渡部さんは酪農の手伝いをした時のことを次のように話した。

「こんなに臭いんだなってね。そしてなおかつ、その牧場の前通ると、臭いなぁって思ったりね。だから、酪農を自分でやってて地域の人にも臭いがしてたんだなぁって。だからここで酪農やってた時もこの臭いが当たり前だと思っていた。仕事はつらい面があるけど、牛の乳搾っててていいなぁって思う時はあるんだよ。朝早くて夕方遅いけど、仕事してるなぁって思うんだよね」（19・5・26）。

渡部さんは目や鼻、手の感覚から、以前の牛飼いとしての前向きな考えを取り戻そうとしている。牛の仕事をやりたくないと思うはずもなく、むしろ、以前の記憶が甦り、前向きな考えが芽生え始めている。しかし、渡部さんはこの後に続けて、「もし〔酪農を〕するとしたら、たまに、がいいな」と言う。渡部さんだけではない。他の元酪農家もたまにするからよい、毎日は厳しいと話している。震災前のように毎日酪農はしたくないという否定的な考えは、牛を経済動物として見ることができなくなってしまったからなのだろう。酪農を毎日すると、自分の牛に対する愛情に反してしまう。しかし牛に触れ、牛の臭いがすることによって、以前の牛飼いとしての記憶が甦り、つらくてもやり甲斐がある牛飼いを、またやりたいと考えてしまう。

このことから、渡部さんは原発事故によって生まれた二つの立場のはざまにいることがわかる。再開したい気持ちがあるがそうできないのは、酪農は牛のためになる飼い方ができないからである。

3　あえて曖昧にする意味

3.1　中間の立場

渡部さんは牛と関わり続けている。しかし、牛を飼うことはしていない。いわば、中間の立場を取っている。なぜだろうか。

渡部さんは震災の前後で気持ちの変化があったが、けっして震災前の気持ちを捨てたわけではない。酪農を再開したいと思い大富地区に戻って来たことからも、それはうかがえる。しかし、酪農を再開することは、再び人間のためにに牛を飼うことになり、牛にストレスをかけてしまう。けれども、牛のための牛飼いは経営として成り立たず、生活していくことができない。

以上を踏まえると、〝あえて〟中間の立場を選んでいるといえるのではないだろうか。一方を選べば他方を否定することになって葛藤が生まれる。だからこそ、渡部さんは〝あえて〟中間の立場に自らの身を置くことで酪農経営をせず、友人の牛飼いの手伝いや、牛の餌を作ることにより、心の負担を軽くしているのである。

3.2　考え方の二重拘束

では、心の負担を軽くするためだけに、〝あえて〟中間の立場を取っているのだろうか。渡部さんの話に耳を傾けていると、もうひとつの側面が見えてきた。

一言で言えば、「本来の酪農のあり方」の模索である。どちらの立場も取らない渡部さんは、そのなかで酪農のあり方を探ってきた。一般には、中間の立場は逃げ道になる場合がある。たとえば、喧嘩の仲介役に回る際、どちらかの立場を否定すると解決が難しいため、どちらにも味方せず喧嘩を収めるような経験に似ている。しかしその逃げ道も、いつかは答えを出さなくてはならない。

渡部さんは、この中間の立場を取ることで、これからの酪農のあり方を模索中なのである。渡部さんは考え方の二重拘束の状態に陥っており、牛飼いの考え方の矛盾に縛られている。その解決方法をいつかは見い出さなければならない。しかしそれは、簡単ではなく、最悪の場合、一生見つからないのかもしれない。だからといって、これからの酪農はどうあるべきか、答えがないまま酪農を再開しても以前と変わらない。そのため、下手に動くことはできない。震災が起きてから現在までは、負担を軽くするとともにこれからの酪農への向き合い方を探る長い葛藤の時間でもあった。

3.3　本来の動物との関わり合い

渡部さんは震災後、馬飼いをしていた方と結婚し、現在は馬飼いをしている。馬は牛と違い、20キロ圏内であっても全頭殺処分の命令は下されなかった。しかもその馬は被曝馬として扱われるため、食用にされることもない。被曝馬とそうでない馬を区別するため、被曝馬には肩に焼印がついている（写真10・3）。その他には、引退した競走馬も預かって飼っている。

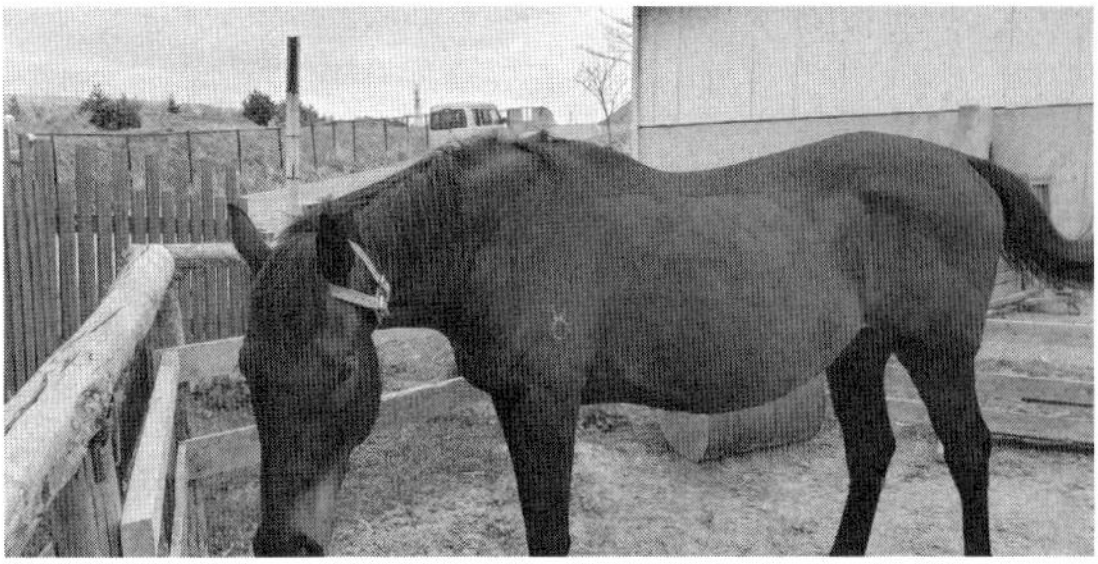

写真10.3　渡部さんが飼っている被曝馬。肩に焼印されている
（南相馬市 2019. 4. 21）

渡部さんは全頭殺処分されずに生き残った馬を、最後まで面倒みるだろう。それが渡部さんにとって動物に対する愛情なのだ。今まで自分のために飼っていた牛を全頭餓死させてしまったので、この震災で生き残った馬を飼うことにしたのである。渡部さんはこんなことを話してくれた。

「馬は馬が好きなら馬飼いできる。牛は牛が好きなら牛飼いできねぇ」（19・8・21）。

牛を経済動物として飼っていた渡部さんにとって、牛のために牛を飼うことは今までの自分を否定することになり、できないのである。しかし動物は牛だけでなく、馬もいる。馬を馬のために飼うことにより、心の負担が少しでも軽くなるのだ。

「これが本当の動物を飼うということなのか」。渡部さんはよく馬を世話しているとき、そう思う。馬を自由に放し飼いして体に良い餌を与える。しかし、そのような飼い方をしているために、馬飼いは赤字の一途を辿っており、今のままではダメだと思っている。経営者としての立場に立てなくなっている現在、馬にも人にもよい飼い方を模索している最中なのである。

おわりに

福島第一原発事故により、牛飼いをしたくてもできない人がいる。それは資金や汚染された土地の問題だけではない。むしろその問題はほとんどが解決されており、再開できる状態にある。それでもなぜしないのか。それは、酪農を再開すると過去の自分を否定してしまうからである。なぜなら、牛を経済動物として飼うと、自分はこんなにひどいことをしていたのかと自分を否定することになる。とはいえ、牛が好きで飼うと、経済的には成り立たない。どちらも渡部さんにとっては、苦しい立場となる。そのため酪農家ではない立場を選びつつも、友人の牛の世話をしたり、妻の馬飼いを陰で支えることにより、酪農家としてやってきた自分を否定しないように曖昧な生き方をしている。

現在渡部さんは酪農家ではないが、今の自分ができる「酪農」を行っていた。決して酪農をしたくないわけではない。震災後、牛のためを第一に考えるようになってしまっただけなのである。けれどもそれは、牛を経済動物として飼う酪農家には、あってはならない感情でもある。

原発災害は人と自然の関係性を大きく変えた。それは酪農家も例外ではない。原発事故をきっかけに動物に対する接し方、関わり方が変わりつつある。渡部さんもそのひとりなのである。

参考文献

濱田武士 2015「なりわいの再生への視座3　空間分析」濱田武士・小山良太・早尻正宏『福島に農林漁業をとり戻す』みすず書房：9-22.

石橋孝郁 2018「原発事故に奪われた故郷を継承する――牛の慰霊碑建立をめぐって」金菱清（ゼミナール）編『3・11霊性に抱かれて――魂といのちの生かされ方』新曜社：68-83.

守友裕一 2014「東日本大震災後の農業・農村と希望への道」守友裕一・大谷尚之・神代英昭編『福島　農からの日本再生――内発的地域づくりの展開』（シリーズ地域の再生6　農山漁村文化協会）：23-28.

清水修二 2012『原発とは結局なんだったのか――いま福島で生きる意味』東京新聞出版局

竹之内裕文 2018「動物を殺して、食べる――食べること、いのちに与ること」秋津元輝・佐藤洋一郎・竹之内裕文編『農と食の新しい倫理』昭和堂：231-232.

第11章　生活再建のなかの慰霊碑建立

――遺族の心情をつなぐ震災犠牲者の鎮魂

石田晃大・伊藤理南・蛭田優介

宮城県南三陸町西戸地区

はじめに

「やっぱりまだ娘と孫のことしか考えにないもので、慰霊碑に娘や孫の名前まで入れてしまってるからね、おはよう礼菜って言ってしまうの」（星幸子さん18・5・17）。

地区に建てられた震災慰霊碑に毎日通っている女性がいる。行方不明の娘さんと、お孫さんの写真をいつも持ち歩き、お孫さんの好きだったお菓子を慰霊碑に供え、震災から長い歳月が経った今も、ふたりを想いながら手を合わせる。慰霊碑のそばに立つ菩薩像は、死者だけでなく、生者をも包み込む優しい表情をしている（写真11・1）。

未だ家族が行方不明のままの遺族は、複雑な心情を抱えた胸の内を語ってくれた。

「もう7年も過ぎたから、生きているとは思ってだめなのかもしれないけど、もう一回会いたかったとかね。さまざまな気持ちなんでね」

「死んだとも認めたくないし、帰ってくるかもわからないし、複雑だね、気持ちは」(同)。

生活再建よりも鎮魂を優先させるという考えのもとに、住民が全員、慰霊碑の建立に賛成したという。本章では、その意味とは何か、全員が合意した理由はいったい何か、深く考えてみたい。

1 生活再建よりも鎮魂を優先させる意味

1.1 全員の合意で慰霊碑を建立

震災後、被災地各地で亡くなった大勢の人々の鎮魂や追悼のため、生きている人々への教訓のために、慰霊碑が建立された。しかし、なかには行方不明者遺族の方々が、異を唱えることもある。その理由のひとつは、慰霊碑に名前を刻むことで「死を認めた」ことになってしまうからである。行方不明者はまだ遺体が見つかっていないために、帰ってくるかもしれない、どこかで生きているのではないかと気持ちが揺れ動く。行方不明者の遺族は心のどこかで、もう亡くなったのでは、と思っても認めることができないという、非常に複雑な思いを抱いている。ほかにも家族の事情で慰霊碑に名前を刻

写真 11.1　住民が建立した慰霊碑（南三陸町西戸地区集会所跡地 18.4.19）

むことを拒んだり、慰霊碑よりも町の修復にお金を使ってほしいなど、各地で慰霊碑の建立に対する遺族の反対もあがった。その結果、慰霊碑の建立に時間がかかったり、結局、行方不明者遺族の中で最後まで了承を得られなかった人の名前を刻まずに建設した慰霊碑も少なくない。

それに対して、南三陸町西戸《さいど》地区の慰霊碑は特異な位置を占めているといえる。というのも、当初より住民全員が慰霊碑の建立に賛同し、全員でお金を出し合い、西戸地区の死者や行方不明者の名前も全員、碑に刻んである。つまり、他の慰霊碑と違って反対者が存在しないのである。行方不明者遺族が名前を刻むことを拒むこともなく、むしろ慰霊碑の建立に協力的だった。実際、筆者たちの聞き取りに対して

「反対する人はいなかった」（18・4・19）

「本来は犠牲者を早く鎮魂するのが人間としては優先なんだけれども、（復興の過程で）生きてる人間が優先されてしまう」（同）

と慰霊碑建立を起草した阿部寿男さん（77歳）は話す。

これらの話から、特異な点がいくつか考えられる。西戸地区が他の被災地と異なるのは、まず生活再

建よりも鎮魂を優先する考えにある。震災復興は亡くなった人より生きている人が先と考えるのが普通である。しかし、西戸地区の住民は生活再建よりも犠牲者の鎮魂を優先するという、生者よりも死者を優先する考えを持つ。これはどういう意味なのか。

1.2 西戸地区の被災状況と生活再建

西戸地区は宮城県南三陸町の志津川湾に面する戸倉という地域のひとつで、約260人が暮らしていた。震災の津波で49名の方が死亡・行方不明となり、9割の家屋が全壊した。その後、住民の多くがさまざまな事情で地域を離れて移り住むことになり、約50名の住民が高台に新しく家を建て直し、暮らしている。現在の西戸地区は高齢の方がほとんどであり、災害復旧過程として生活再建が行われている。慰霊碑は2017年、津波で流された集会所の跡地に建立された。

生活再建とは何か。壊れた家や流された家屋を建て直し、安定した生活ができるようになることだろうか。生活再建の一般的な概念は、住民の生活の安定と、被災地の復興をすることである（「被災者生活再建支援法」より）。西戸地区は津波の甚大な被害を受けながらも、高台に移転し、今では安定した暮らしを得ている。生活再建の概念を西戸地区に当てはめると、目的は果たされたことになる。しかし、もう一度現状を見てみると、生活再建の意味合いは異なってくる。

ここで考えたいのが「生活再建よりも鎮魂を優先する」という言葉の意味である。震災から9年となる現在、西戸地区住民は約50名の高齢者になり、この先も西戸地区を存続させる、つまり完全にコミュニティを再建することは難しくなってしまった。住民の自宅や町の建物が建てられたからといって、そこに人々のつながりがなければ、孤独死・自死などの新たな問題を引き起こしてしまうだろう。

慰霊碑の目的は「鎮魂・追悼」「教訓」「記憶」に分けられるが（菅原 2016）、西戸地区の慰霊碑には「鎮魂」の意味が込められている。生活再建よりも鎮魂を優先させる意味とは何か、という問いに対する結論を先取りするならば、生活再建と鎮魂は別々のものではなく、西戸地区にとって慰霊碑による鎮魂が重要な生活再建の一部であり、また、住民の生活再建のなかで建立された慰霊碑は、コミュニティの再建に向けて住民同士をつなぐ役割があったのである。

2　なぜ行方不明者遺族は慰霊碑が必要なのか

一般的に、家族をなくした遺族のなかには犠牲になった方の名を刻むこと、生活再建の途上なのに慰霊碑を建立することに疑問を持つ方は少なくない。しかし、西戸地区の慰霊碑は住民全員の合意、協力を得ることに成功している。その理由として、西戸地区の契約講の存在が挙げられる。

契約講とは、山形県、宮城県、岩手県などの地域社会における地縁的、互助的共同組織である（『精選　日本民俗辞典』2006: 181）。現在契約講の多くはすでに解散しているが、西戸地区には契約講の名残りが存在している。小さなコミュニティであるからこそ住民同士の交流が深く、犠牲になった方を含むすべての住民の記憶が濃く残されている。そのため地区全体がまるでひとりの人間がひとつの心を持つように鎮魂の想いを持っており、西戸地区の住民は、阿部さんが起草した慰霊碑建立に合意し協力してくれたのである。

だが、行方不明者遺族には行方不明だからこそ家族の死を認めたくない感情があり、慰霊碑に名を刻むことへの抵抗心がある。西戸地区ではなぜ行方不明者遺族も慰霊碑建立に賛成したのだろうか。行方不明者遺族が賛成する理由について、震災の津波で娘の幸江さんと孫娘の礼菜さんが行方不明になってしまった、星幸子さん（78歳）の言葉に耳を傾けてみよう。

星さんは震災から月日が経った現在も西戸地区に住んでおり、日課として海を見ながら散歩をしている。星さんはその海を見ると、必ず亡くなった方や海に流され行方不明になった方に手を合わせている。震災から長い時間が過ぎた今でも、どこかで生きていてほしい、会いたいと願っている。そのなかでも一番に想うのが、娘の幸江さんと孫娘の礼菜さんだ。星さんはこの二人の鎮魂のために慰霊碑建立に協力した。一般に亡くなった家族を想うのは、お墓や仏壇の前である。なぜ星さんは慰霊碑なのだろうか。

それは、お墓や仏壇には祖父母、両親、夫など家族すべてが祀られているので、自分の娘と孫だけに手を合わせることはできないが、慰霊碑を建立し名を刻むことで、震災で亡くなった方々、とりわけ行方不明の幸江さんと礼菜さんを深く想うことができるからだ。そのため、星さんにとって慰霊碑の存在は必要なのである。星さんには今でも、行方不明の二人をなくしたとは認めたくない気持ちがある。

犠牲になった方々の鎮魂のために慰霊碑を建立し、前に進もうとする阿部さんのような方がいることや、亡くなったと認めるほうが供養になるという周囲の助言から、2011年9月に星さんは幸江さんと礼菜さんの葬儀を行った。だが、葬儀後も、星さんには複雑な想いがある。星さんは震災当時の心境を「骨一つでも見つかれば、あっ、亡くなった、って認めるかもしれない」とおっしゃっていたが、幸江さんと礼菜さんが生きている可能性もあるなかで死を追認してしまうことに、星さんは罪の意識を感じて葛藤に苦しんでいる。

3　「犠牲者」という言葉遣い

3.1　家族の死を受け容れる遺族

他方で、同じ地域でご遺体が見つかった遺族の方もいる。震災前まで西戸地区に住んでいたが、震災時、防災庁舎で広域消防の指令の仕事をしていた夫をなくした佐藤せつ子さん（62歳）である。佐藤さんは、星さんとは異なる心情を抱いている。星さんは家族が行方不明であり死を受け容れることに抵抗があるが、佐藤さんは夫の死を受け容れている。その理由として挙げられるのが、夫の遺体が見つかったことが第一であるが、もうひとつには佐藤さんが結婚する際、消防職員という夫の職業柄、仕事中に命を落とす可能性があることを覚悟し、日常生活のなかでつねに意識していたことが大きい。また、佐藤さんは毎年、3月11日の夫の命日に、南三陸町の防災庁舎を訪れる。夫が最後まで通信していた時刻、つまり夫が生きていた時まで冥福を祈る。これは、佐藤さんは夫の死を受け容れており、震災の死者に対する遺族としての向き合い方のひとつである。

行方不明者の遺族は、突然いなくなってしまった家族を諦められない想いが強く、悲しみと迷いをつねに抱えている一方で、ご遺体が見つかった遺族は、震災による家族の死の事実を受け容れているようにみえる人もいる。このように、ご遺体が見つかった遺族と行方不明者の遺族では心情に明確な差異がある。だが、震災はそれぞれの人生の中で最大限の不幸の経験という点ではみな等しいのであり、死の意味づけに大小をつけることはできない（金菱 2016）。しかし重みの大小を測れない被災経験の違いが住民の相互理解の妨げとなりかねない実情が、地域にはある。つまり、同じ遺族と簡単にいえない、それぞれの心情を踏まえる必要があった。

3.2 遺族間の感情の違いを埋める

それでは、地域がひとつになって前に進むために、遺族の感情の違いをどのように乗り越えていくのだろうか。西戸地区の慰霊碑には、震災、津波によって亡くなった方と未だ行方不明の方の名を死者、行方不明者と記さず、「犠牲者」と統一している。なぜこのような形式にしたのか。阿部寿男さんは、

「犠牲で止めてる。死亡や行方不明と書くとあまりにも酷」（18・5・17）

と言う。死者、行方不明者と明記すると、遺族間に生まれる感情の違いに触れてしまう。そこで「犠牲者」という言葉遣いによって死者、行方不明者を平等に扱い、遺族間の違和感を収めるという役割を担っているのだ。佐藤せつ子さんにも同様の質問をすると、

「ずっと行方不明のままだと、あの人はまだなのかなって、なんか変な意味がある気がしません？なんかそうなってると差がつくような」（18・5・17）

と答えてくれた。つまり、行方不明者という記述は、死者との間に差異を生み出す。ここで「犠牲者」として統一することで死者、行方不明者を等しく鎮魂し、生者と死者を含む地区全体の足並みを揃え、西戸地区の生活再建の必要条件を満たすことができる。

行方不明者遺族の星さんは、慰霊碑が建立された後の心情の変化に対して次のように話した。

「気持ちの心情かわるっちゅうわけではないけど、やっぱりこう、娘と孫、ふたりの気持ちを、何となくあそこに行けば手を合わせたくなる。あとほかの人にもって言っても、観音様見ただけで会えたような、みんなにお祈りしてる気持ちになるな」(18・5・17)。

慰霊碑の存在は、行方不明者遺族の心情に多少とも良い影響を与えているのではないだろうか。星さんは行方不明になった幸江さん、礼菜さんを想い、慰霊碑に語りかけている。慰霊碑という存在に置き換えることで、お二人がそばにいるという心情が生まれるのだろう。もちろん、この「犠牲者」という言葉遣いのみですべてが解決するわけではない。だが、犠牲者遺族それぞれの心情の変化があったことは確かであり、遺族同士が互いの悲しみを理解するきっかけになったのではないだろうか。

西戸地区の慰霊碑建立は、一見すると生活再建よりも鎮魂を優先したように思えるだろう。だが、実際には生活再建と鎮魂には優先順位はなかった。西戸地区のコミュニティ再建に進むために、住民全体で「犠牲者」の鎮魂が必要だったからだ。慰霊碑には、「犠牲者」各遺族の心情の違いを埋めてひとつにつなぐ役割がある。生者の足並みを揃えて「犠牲者」を鎮魂することができるようになった。

おわりに

現在の西戸地区の住民はもちろん、地区を離れた元住民も慰霊碑に手を合わせに来るため、住民同士のコミュニケーションがはかられる。なぜ慰霊碑を以前の集会所の跡地に建てたのか、その理由を阿部さんは「震災前は地域の住民みんなでいろんな行事を催したところだから」と言う。慰霊碑を建立した場所にもきちんとした意味があることや、実際に慰霊碑の調査に訪れた時もとてもきれいに整備されていた様子から、慰霊碑は住民同士をつなぐためのコミュニケーションの場として機能し、住民にとっても特別な場所であることがわかる。

実際に移住してしまった元住民との交流の場として、慰霊碑の除幕式や花見といったイベントが催されている。今後も交流と鎮魂の場として、西戸を離れた方々が戻ってくるきっかけとして、慰霊碑は存在し続けるだろう。

参考文献

福田アジオほか編 2006『精選　日本民俗辞典』吉川弘文館
金菱清 2016「共感の反作用――被災者の社会的孤立と平等の死」金菱清（ゼミナール）編『呼び覚まされる霊性の震災学――3・11生と死のはざまで』新曜社：85-99.

菅原優 2016「生ける死者の記憶を抱く――追悼/教訓を侵犯する慰霊碑」金菱編『呼び覚まされる霊性の震災学』: 25-48.

第12章　行方不明の土地をつなぎとめる「偽」アート

——荒浜「偽バス停」の仕掛けとオモイデバスツアーの成功

仙台市若林区荒浜

野尻　航平

はじめに

宮城県仙台市若林区にある荒浜地区は、仙台市唯一の自然の砂浜である深沼海岸を有する、海沿いのまちだった。人口2千人弱、世帯数はおよそ800と小さなまちだが、夏場は深沼海水浴場の海開きで賑わい、正月は初日の出を拝むためにたくさんの人が集まる。小さいゆえに住民同士のつながりが深く、おめでたいことは身内だけではなく、ご近所同士でお祝いするほどだった。

しかし、2011年3月11日に発生した東日本大震災の津波により、荒浜は甚大な被害を受けた。186名もの犠牲者を出し、荒浜のシンボルであった深沼海岸前の松林や家々はすべて流されてしまった。以前の風景は消え去ってしまい、残ったものは住宅の基礎と旧荒浜小学校のみであった。荒浜小の生徒や周辺住民は小学校の屋上に避難し、荒浜が津波に飲み込まれていく様を見ているしかなかった。小学校の校内は浸水したが、崩壊はせず、震災遺構として現在も残されている。

荒浜は11年12月16日に災害危険区域に指定され、荒浜の住民は内陸部への移転を余儀なくされてしまった。そのため荒浜という土地と住民、住民同士の関係までもが分断されてしまい、現在でも荒浜の住民はどこにいるのかわからない。この状況は一種の「行方不明」と言っても過言ではない。

1 震災アート

この「行方不明」になってしまった荒浜という土地、かつての住民とのつながりを戻すべく、荒浜の住民であった貴田喜一さん率いる「荒浜再生を願う会」が結成された。

震災後、仙台市から災害危険区域に指定された荒浜だが、それを撤廃しようと現地再建を掲げ、荒浜を再生しようとしたのが「荒浜再生を願う会」である。おもな活動は、市への指定撤廃の要望や会員同士の定例会、「ふるさと蘇生活動」と呼ばれる荒浜地区の清掃など、荒浜再生へ向けたイベントであった。この活動の影響により、荒浜の住民であった庄子隆弘さんが運営する「海辺の図書館」やＣＤＰというスケートボード場が生まれた。このように、「荒浜再生を願う会」に携わる人々は、「行方不明」である荒浜の土地、荒浜の元住民をつなぎとめるべく、懸命に活動を続けた。

しかし再生の実現には至らず、最初は60人いた会員も、最終的には４人にまで減少していた。その理由は会員の家族の合意が得られないためだった。世帯主が会員として参加しても、「津波があったところには戻りたくない」とご家族が再建に反対するケースが多かった。実際に一人の会員の娘さんに、活動への苦言を呈されたこともあった。

落ち込み気味だった荒浜にふと姿を現したのが、「偽バス停」である。「偽バス停」は2015年6月に突然、深沼海岸に現れたアートである。日を追うごとに「偽バス停」はその数を増やしていき、荒浜の他にも、隣の地区である蒲生にもその姿を現した。その「偽バス停」がきっかけで行われた「オモイデバスツアー」が荒浜を盛り上げる一大イベントとなる。

本章では「偽バス停」が荒浜の元住民に受け容れられた理由である、「親近性」「文化性」と第三の理由「想いの一致」を述べていく。その三つの理由をもとに、アートは復興に貢献できるほどの公共性を持ち、あらゆる人に分有されることを明らかにしたい(注)。地域活性化のために制作されたアートを地域アートと呼ぶが、筆者は被災地の再建や被災者の心に響くようなアートを、地域アートの一種として「震災アート」と呼ぶことにする。

2 「偽バス停」とその想い

偽バス停を制作したのはアーティストの佐竹真紀子さんである。佐竹さんにとって荒浜のイメージは小さいころに訪れた深沼海岸であった。利府町出身であり、なかなか荒浜に行く機会はなかった。震災が起きて、「荒浜に二百〜三百人の遺体が打ち上げられている」というニュースを見て衝撃を受けた。震災後初めて荒浜に向かったのは、2012年。震災前の荒浜では終点の深沼海岸まで仙台市営バスが走っていたが、震災後に深沼海水浴場は閉鎖され、その先の路線は廃止されていた。佐竹さんはそこで見えた荒浜に対して、きれいな土地と感じ、被害があった荒浜を「固有の荒浜の原形」が見えた、と表現した。その時は誰にも話を聴くことはなく、目に見えるものを確認したのみだった。

2015年6月、佐竹さんは母親と共に「偽バス停」を持ち、バスで荒浜へと向かった。「偽バス停」は直接バス車内に持ちこみ、そのまま運んだ。運転手の方も不思議には思ったが、特に何も言わなかった。最初の「偽バス停」を深沼海岸まで持っていき、そこに置いた。

「偽バス停」を制作した理由は、「バスで荒浜に行った時に、先に行きたいのに届かないもどかしさを感じた。バス停は地域と地域を細かくつなぐもので、先人と後人のイメージをつなぐもの。接着剤になるようなものにしたかった」という。

最初は仮置きのため、限りなく偽物とわかるように造った。そして最初に会った荒浜の元住民に「ありがとう」と感謝の言葉をもらった。この時、佐竹さんは驚きを隠せなかった。それから佐竹さんは、美術をメディアとして誰かと共有できると信じるようになった。今まで美術作品はあくまで自分だけのもので人と共有することはないと思っていたが、これを機に考えが変わった。

佐竹さんは「偽」という字に重きを置いている。本来「偽」という字は人をからかうようなマイナスのイメージがあるが、「人が為す」ことを表すと佐竹さんは考えている。元々は物を「直す」という意味があり、今回の「偽バス停」も復元と考えれば、震災前に存在していたバス停を直した、ととらえることができる。

佐竹さんの最終目標は「偽バス停がすべて本物のバス停になり、路線が復活すること」である。震災遺構である旧荒浜小学校前に「偽バス停」が設置されていたが、17年4月に路線が延長され、旧荒浜小学校の「偽バス停」は役目を終えた。偽バス停は最大で8ヵ所、２０１８年に2ヵ所確認できたが（写真12・1）、天候によって閉まっている時もある。撤去された「偽バス停」は東北リサーチとアートセンター（ＴＲＡＣ）に展示されている。

そして「偽バス停」は、後述する「オモイデバスツアー」という震災後の荒浜最大のイベントのきっかけとなっている。佐竹さんが「荒浜にバスを走らせたい」という想いから、オモイデアーカイブの佐藤正実さんと協力し、実現したイベントである。

写真 12.1　偽バス停「荒浜新二丁目東」「このバス停は偽物です」とある（仙台市若林区荒浜 2018.8.31, 9.20）

3　プアな地域アートとは

「偽バス停」が受け容れられた三つの理由を述べる前に、地域アートとはどういうものなのかを明らかにする。アートは個人が生み出した作品で、どこか神秘的で近づきにくい、つまり公共性に欠けるというイメージがある。しかし、アートはもとより公共性を持っている。18世紀のドイツの哲学者、イマヌエル・カントは芸術作品を判定する能力を「趣味」と称している。その趣味によって人々は作品を評価するが、その際、人は自分が美しいと思ったものに賛同を呼びかける。カントはこれを共通感覚と呼び、「趣味は何かの対象への我々の感情を、普遍的に伝達可能にする判定能力」（田中 2017: 53）と定義している。

これは人々がアートを評価する能力自体、公共性を持つということである。そして地域アートこそ、公共性が強いアートなのである。

地域アートとは地域で行われるアートプロジェクトの一環である。有名なものでは「大地の芸術祭越後妻有アートトリエンナーレ」や「横浜トリエンナーレ」といった地方を舞台にしたアートフェスティバルがあり、その他にも全国津々浦々、開催されている。今やこの地域アートこそが現代アートの主流になりつつある。

キュレーターの遠藤水城は「展覧会をするとき、宇宙人や火星人が来ることを想定する。要は外国人やストレンジャーを公共にいれられるかである。その観点から言えば「プア」なものは公共性が宿る可能性はある」（遠藤 2016: 143）と述べている。地域アートというものはあえてプアなほうが、外国人などもも含めて誰にでも見てもらえる可能性があることがわかる。本論では、「プアなもの」を親近感がわくものととらえ、これを「親近性」の定義として扱っていく。

被災地は建物などのハード面だけでなく、文化やコミュニティといったソフト面もダメージを受けている。そのため被災者は安心できるもの、落ち着くような環境を求める傾向にある。それにはやはり、人とのつながりを形成しうる文化が必要になってくる。彫刻家で芸術学者の知足美加子によれば、

「……復興にあたって、その地域の文化への理解は重要である」「アートは……人々の意識を喚起・継続させ、新たな価値を見出し、前を向く契機を与えてくれる。私達が復興というとき、そこに人の「心」が含まれていることを忘れてはならない。……アートは様々な「巻き込み」や「関わり」を生み出し、「serendipity（予期せぬ幸運）」を生み出すことがある」（知足 2018: 5, 7）。

このように、震災アートとは人々を前向きにさせたり、人との関わりを生み出すきっかけとなる必要がある、と見ることができる。本論では、知足の発言を「文化性」の定義として、扱っていく。

以上、「親近性」と「文化性」の定義を踏まえ、「偽バス停」がどのように荒浜復興の一助になれたかを明らかにしていく。

4　偽バス停が生んだ文化性――オモイデバスツアーの成功

4.1　震災アートにおける「親近性」

佐竹さんは「偽バス停」を限りなく偽物に見えるように制作したと説明した。この時点ですでに「プアなもの」として制作されていることがわかる。そのうえ、「ありがとう」や「勇気が出る」という言葉をもらっていることから、間違いなく荒浜の方々にとって、「偽バス停」は親近感がわくものだとわかる。

荒浜は震災によって松林という最大のシンボルがなくなってしまい、風景ががらっと変わってしまった。バス停というものは私たちにとって当たり前のものであり、バスを利用しない人には興味すらないかもしれない。あって当然、さらに言えば、いつでもあるとも解釈できる。かつて荒浜にあったバス停は昔ながらのタイプであり、「偽バス停」もそれを模して制作されている。よって、人々に「日常的」な情景を思い出させ、親近感を抱かせることにつながったといえる（写真12・2）。

「偽バス停」には嫌味な印象がないことも「親近性」を感じさせる一因である。ところで、陸前高田市に「奇跡の一本松」というのがある。津波に流されなかった松の木を防腐加工し、観光資源として利用されている。これはアートといっても過言ではないものである。

木の周りには立入禁止の鎖が引いてあり、まるで博物館の展示品のようである。あくまでも見世物で観光政策の一面が際立っている。純粋にアートとして見られるものではなく、この状態ではとても親近性を感じることはできない。

一方、「偽バス停」は観光資源という目的で設置されたわけでもなく、本物に似せてはいるが、はっきり偽物と表示している。思惑を感じさせない、純粋な視覚の対象として見ることが可能である。ツイッターで検索をすると、一件だけ「本物と見間違うので、来客した方に迷惑だろう」という意見を目にした。この意見こそ「偽バス停」のプアな面（安っぽさ）が見えてくるが、荒浜の方々は「勇気が出る」と感謝し、町の一部として喜んで受け容れた。

写真 12.2　偽バス停「CDP」（スケートボード場）（同上 2019.9.20）

「偽バス停」は人々が親近感を抱くもの、つまり「日常性」を持つ。とてもプアな造りであり、美術館の展示品のように高貴な近づきがたさを感じさせなかった。さらにはバス停という日常の公共物であること、人を懐疑的にさせる仕掛けがないことも「親近性」が生まれた要因である。

もしこれが、初めから本物のバス停と惑わせる目的で制作されたイタズラであったら、即座に撤去されてしまい、後述する「オモイデバスツアー」も開催されなかったであろう。佐竹さんが抱いていた「接着剤になるようなものを造る」という素直な想いがあったからこそ、荒浜の方々が親近感を抱くような制作になりえたのだ。感謝の言葉がそれを表している。

4.2　震災アートにおける「文化性」

「文化」というものは世界中のどこにでも存在する、国や地域の特徴を示すものである。「文化」がなければ、地域が盛り上がりを見せたり、続いていくこともないだろう。「文化」は「人々の生存」、つまり生きていくことに深く関係することを踏まえると、被災地における「文化」はより効果的な復興支援につながる。「文化」は「集いのきっかけ（震災孤族、孤独死防止）」、「心を穏やかにし、元気づける力」、「震災で失ったものを記録、記憶する力」を持っている（若林 2011）。

震災前の荒浜では、松林や深沼海岸などで恒例行事が行われてきたが、震災によって失われてなくなってしまった。これは荒浜の文化の破壊にあたる。事実、震災以降の深沼海岸も閉鎖続きで人が集まることはほぼない。しかし、「偽バス停」がきっかけとなり、荒浜の新しい文化になりうるのが、次に紹介する「オモイデバスツアー」である。この事例から、文化は必ずしも復活させるものではなく、新しく創り上げるものであるとわかる。

4.3　オモイデバスツアー

「オモイデバスツアー」とは、制作者の佐竹さんと佐藤正実さん率いる「オモイデアーカイブ」が企画したイベントである。前述したが、いつかまたバスを荒浜まで走らせたい、という佐竹さんの想いがあり、佐藤正実さんの協力を経て実現した。正実さんが自ら資金集めを行い、仙台市交通局と交渉した結果、仙台市が協力してくれた。バスについている電光掲示板も当時の路線を再現したうえ、「海辺の図書館」などオリジナルの停留所も電光掲示板に表示された。バスの運行は、当時の路線を担当していた運転手の方が担った。

最初に開催されたのは2016年12月11日で、5年9ヵ月ぶりに仙台市営バスが荒浜に帰ってきた。仙台駅から発車し、かつての路線に沿って、かつての利用客の想いを乗せながら、終点の深沼海岸まで走っていった。車内では走行中、荒浜の元住民の方々が車窓風景を見ながら「昔はここに床屋があったんだよ」などと、思い出話に花を咲かせた。「荒浜再生を願う会」で会計を担っていた庄子智香子さんは、「昔は終点に近づくにつれてお客さんが自分しかいないため、途中の路線を無視して終点までそのまま行ったこともある」と話していた。

オモイデバスツアーでは停留所一つひとつを回っていった。荒浜に近づくにつれてバスを出迎える人は増えていき、深沼海岸に着くと、「ようこそあらはまへ」と書かれた横断幕や「おかえり」と書かれた「偽バス停」が大勢の参加者の笑顔と共に出迎えた。

バスが到着した後は、「希望の黄色いハンカチプロジェクト」の黄色いハンカチに参加者それぞれの思いを書いて飾りつけたり、里海荒浜ロッジにあるピザ窯でシェフがピザを焼いてくれるなど、盛りだくさんのイベントであった。

荒浜の方々にお話を聞いた際、みなが口をそろえて、「感謝している」とおっしゃっていた。「オモイデバスツアー」は19年度現在まで継続して行われており、荒浜にたくさんの人々が集まる機会となった。智香子さんによると「オモイデバスツアー」を経て、今まで荒浜の再建に携わっていなかった元住民の方も少しずつ戻ってきているそうだ。それは内陸部に移転した人だけでなく、県外に出ていった若者たちも含まれる。

佐竹さんは「アート作品はふだんは分有されることがないが、この件は分有された」と言う。元住民だけでなく、蒲生の方々、県外の方々を巻き込んだ「オモイデバスツアー」によって「偽バス停」は間違いなく、佐竹さんの独りよがりではなく、イベントに携わった全員に分有されている。「オモイデバスツアー」は「偽バス停」のアートプロジェクトの一環として、荒浜に根づき、馴染んでいる。

「オモイデバスツアー」の開催そして成功によって、元住民が荒浜に戻り、「荒浜ファン」と呼ばれる方々も増えた。このイベントが成功を収めたことで「偽バス停」は各地から注目されるようになり、荒浜の新たなシンボルとなった。人々を前向きにしたり、人との関わりを生み出すようなきっかけになることが、被災地を復興する「文化性」の力であると、先に説明した。「オモイデバスツアー」の基礎となった「偽バス停」は、「文化性」の持つ力を満たしているために、荒浜という土地のシンボルになったといえる。

5 「偽バス停」がつなぎとめた「荒浜」

5.1 一致した想い

これまで「偽バス停」が受け容れられた理由として、「親近性」「文化性」の二つを挙げた。ここで第三の理由を述べていく。

「荒浜再生を願う会」の方々は「荒浜再建」「新たな賑わいづくり」を目標に、「行方不明」となった荒浜や旧住民と自分たちを必死につなぎとめている。そして、佐竹さんは「偽バス停」の存在意義を「土地と土地、人と人の接着剤になるもの」としている。ここからわかるように、荒浜の方々の想いと佐竹さんの「偽バス停」への想いが一致している。「偽バス停」は、バスが通らなくなった荒浜を、震災前のように他のバス停の土地につなぐという意味に加え、震災前の荒浜の風景や元住民の方々の想いを風化させず、震災後も忘れないようにつなぎとめるという意味がある。

つなぎとめた結果、「偽バス停」は「行方不明」であった「荒浜」という土地と住民を見つけ、荒浜の再生に大きく貢献した。見つけ出したからこそ、元の荒浜が戻りつつあるのだ。

「荒浜再生を願う会」は2018年6月30日に解散したが、同会代表であった貴田さんは、「2015年の時によぎった解散とは違い、今回の解散は次のステップに進むためのポジティブな解散」と話す。仙台市に提案した荒浜の将来像の初期草案は流れ、悔しい思いをしていた。しかし、最近仙台市はそこにあった意見を何点か受け入れてくれている。そして「終わりは始まり」と、貴田さんはすでに荒浜再建の次のステップに移り、19年現在「荒浜復興推進協議会」の植物再生部に属しており、かつての緑豊かな荒浜を取り戻そうと奮闘している。途中落ち込んでいた「荒浜再生を願う会」に勇気をくれた佐竹さんとオモイデアーカイブの佐藤正実さんには、本当に感謝していると貴田さんは言う。

隆弘さんや貴田さんによると、荒浜にJR果実部が担当する果樹園や運動場の設立の企画があるそうだ。荒浜の将来像は貴田さんらが提出した初期草案に着実に近づいている。

荒浜の再生が進んでも、「偽バス停」の存在感は薄れることなく、「オモイデバスツアー」は継続される予定である。荒浜の新しい文化はバス路線が復活するその日まで、荒浜のバス停として現地に残り続ける。

5.2 アートの公共性

「偽バス停」の出現以後、荒浜再生の活動は良い方向に進み始め、「オモイデバスツアー」が行われたことで「偽バス停」が新しい荒浜の文化の証明になった。貴田さんは、震災遺構となった旧荒浜小学校よりも「荒浜再生を願う会」の活動の方が人を呼べているんだ、と誇らしげであった。

「オモイデバスツアー」は荒浜に隣接する蒲生《がもう》地区でも行われたが、その時の終点は「舟要の館」であった。「舟要《しゅうよう》の館」は、津波で流されてしまった笹谷由夫さん（「蒲生のまちづくりを考える会」代表）の自宅跡に建てられ、中にはピザ窯などがあるが、何よりも観音像が目立つ。震災で亡くなった二人の息子さんの「生きたかった」という声を聴き、笹谷さんが自身で作った観音様である。舟要の館は蒲生の防潮堤工事に最後まで抵抗し続けたが、２０１８年3月11日に閉鎖された。

蒲生の「偽バス停」は18年2月時点で4つ確認できた。蒲生干潟にある、標高3千ミリの日本一低い山である、日和山にも「偽バス停」があり、「クマ出没注意！」と書いてあった。蒲生の区画整理や舟要の館が閉鎖されたこともあり、日和山以外の「偽バス停」は撤去されてしまったが、「偽バス停」は多くの人に勇気を届け、荒浜・蒲生にバスを復活させたという功績を残している。

佐竹さんは震災が起きてアートに何ができるのか、と悩んでいた。しかし発想を変え、アートで何をしたいのか、と考えるようになった。その結果、開かれた問いができるようになり、バス停の制作に行きついたのだという。佐竹さんはアートがライトになることにポジティブである。むしろ震災アートにとってはそれが必要不可欠である。親近感を抱くような「日常的」でプアなものの方が人は近づきやすく、興味をもつだろう。

荒浜は津波に襲われ、「日常」を失ってしまった。そこに「偽バス停」という「日常的」なものが現れ、人々は震災前の風景を想起して安心感を得ることができる。それに触発されて「日常」に価値を見出した人々が動き出し、「オモイデバスツアー」が開催され、荒浜のシンボル、つまりは「文化」に形成するまでに発展した。

「偽バス停」は間違いなく、荒浜の被災者の心、さらには荒浜の土地そのものの復興にも貢献している。感謝の言葉からわかる通り、「偽バス停」は地元の人が望んだものだったこの事例こそが、アートが本来、公共性を持っている証明である。

先に「奇跡の一本松」を取り上げたが、これも一種のアートと呼べるものである。しかし、実際には「観光資源」という思惑が出ていたため、地元の人が本当に望んだものだったのかも疑われる。

さらに正実さんは「オモイデバスツアー」の成功に関して、よそ者と地元民が一緒にやることでしがらみがなかったから、と説明する。よそ者であった佐竹さんの想いと地元民である荒浜の方々の想いが一致したことが「オモイデバスツアー」を成功させ、荒浜をつなぎとめた。

地域アートというものは、一般市民とアーティスト、そこに行政も加わり、三者が同じ想いで制作されてはじめて地域アートと呼べる。誰かが独りよがりになれば、その時点で想いは一致せず、その地域に根づくことはない。「オモイデバスツアー」では運転の担当者も楽しんでくれたことが大きかった、と正実さんは話す。「偽バス停」は何より一般市民とアーティストの想いが一致し、「オモイデバスツアー」によって行政とも同じ想いをわかちあえたことが、荒浜のシンボルになった所以である。

おわりに

荒浜の「偽」アートは人の生死が直接のテーマではなかったが、生死に関わるアートであれば、倫理観が加わり、考え方が変わるだろう。だが、復興を目的とすれば、アートはライトなものとなり、公共性を持つことができる。今まで当たり前だったものを喪失し、「日常」が価値あるものとなったとき、アートが何気なかったものを復活させ、ライトな「日常性」を新たな文化として形成することは、地域にとって有益である。

これまでは被災地の未来図や過去の風景を描いたアートが多かったが、「偽バス停」のように「日常的」で地元の人々に大切にされる新たな地域アートが制作されれば、被災地では、震災アートにもなりうる。これからは震災アートが過疎化していく被災地や被災者の心の復興の一つの道しるべとして、考えられていくことを望む。

注　本章の調査でお話をうかがった方々と年月日は、おもに次の通りである。貴田喜一さん（18・6・30、18・10・15、18・12・11）、庄子隆弘さん（18・9・19）、庄子智香子さん（18・9・25）、佐竹真紀子さん（18・9・26）、佐藤正実さん（18・12・19）。

参考文献

遠藤水城ほか 2016「「地域アート」のその先の芸術」藤田直哉編『地域アート――美学・制度・日本』堀之内出版 135-216.
金菱清（ゼミナール）編 2013『千年災禍の海辺学――なぜそれでも人は海で暮らすのか』生活書院
小林秀行 2013「東日本大震災からの復興とはなにか――傾聴面接調査における被災者の物語をめぐって」『災害復興研究』5: 11-34.
熊倉純子 2014『アートプロジェクト――芸術と共創する社会』水曜社
椎原伸博 2014「偽物の木で何が悪いのか？――震災モニュメントの可能性について」高崎経済大学地域政策学会編『地域政策研究』（原田寛明教授退職記念号）16（3）: 81-98.
椎原伸博 2017「「地域アート論」以降の「アートプロジェクト」について」『地域政策研究』20（2）: 81-93.
角一典 2008「コミュニティを形作るものは何か？　70―80年代の日本の社会学におけるコミュニティ論を手がかりに」『2007旭川オープンカレッジ連続講座「あさひかわ学」報告集』
田中綾乃 2017「アートの公共性――芸術と社会を媒介するアートマネジメント」『地域政策研究』20（2）:

81-93.
知足美加子 2018「復興支援とアート」九州大学基幹教育セミナー『九州と防災』教科書原稿

総務省「地域コミュニティの現状と問題」
http://www.soumu.go.jp/main_sosiki/kenkyu/community/pdf/070207_1_sa.pdf（2018. 10. 31 閲覧）
南三陸町観光協会　https://www.m-kankou.jp/archives/202866/（2018. 12. 23 閲覧）
「希望の黄色いハンカチプロジェクト」
http://www.engawa.ne.jp/index.cm.touhoku.arahama.pdf（2018. 12. 23 閲覧）
3.11 オモイデアーカイブ
http://sendai-city.net/omoide/2017/09/24/post-457/（2017. 9. 24 開設 2018. 12. 19 閲覧）
artscape 現代美術用語辞典 1.0
http://artscape.jp/dictionary/modern/1198638_1637.html（2009. 1. 15 開設 2018.12.20 閲覧）
artscape 現代美術用語辞典 2.0　http://artscape.jp/artword/index.php/%E3%83%A2%E3%83%80%E3%83%8B%E3%82%BA%E3%83%A0（2013. 1. 15 開設 2018. 12. 20 閲覧）
Ready for 海水浴場行きバスを再び！「3・11オモイデツアー」の継続
https://readyfor.jp/projects/311omoide（2018. 12. 19 閲覧）

付記　本章は、東北学院大学教養学部総合研究　曾川樹・野尻航平 2019「行方不明の土地を繋ぎとめるアート――荒浜の偽バス停を事例に」所収論文を加筆修正したものである。

特別寄稿

儀礼文化の伝承は最も確実な災害の記憶装置なのだろうか

林　承緯

台湾雲林県口湖、四湖の牽水状儀式

1　道光25年の金湖大洪水

１７５年前に高波（津波）で溺死した人々の魂が村人の身体に乗り移りトランス状態を起こし、今年もまた現れる。この時、平凡に見えるこの村人は突然天を仰いで咆哮したり、女性であっても大男のような行動を取り始める。そのまま水状を引き抜いて何かに操られているように狂い踊り、血だらけになりながらも、儀式の会場そばにあるお寺（万善爺廟）に向かって駆け出す。これは霊魂が水難の苦しみから逃れて、万善爺廟に祀られている神霊になったことを象徴する出来事である。台湾中西部の僻地にある港町では、１７５年経った今日においても、行方不明者が姿かたちを変えてこの世に現れる。それが毎年のように繰り返し行われる。二百年近く前に起きた金湖大洪水の災害の記憶は、毎年繰り返される祭りによって受け継がれ、受難の史実を現在の地元住民の心に新たにさせている。

金湖大洪水とは、1845（清朝の道光25）年に発生したきわめて勢力の強い台風によって海水の逆流が起き、急激に水位が上がって高潮が発生したことによって雲林の海沿いの村が水没し、少なくとも3千人の死者が出た災害である。確かな記録がないために、津波と称す人もいるが、現在では高潮という理解が正しいようである。災害後、当時の清朝廷は地元住民と共同して4ヵ所に人々の遺体を埋めるための大きな穴を掘り、祠《ほこら》を建立して祀った。その後、道光皇帝から「万善同帰」と勅封された。

当時遺体を埋めた場所が、今日の口湖郷《こうこごう》（郷は県の下の行政区分）にある蚵仔寮開基万善祠《かきりょうかいきまんぜんや》、四湖郷《しこごう》にある下寮仔万善爺廟《しもりょうきまんぜんやびょう》等である。すなわち、道光25年の大洪水の発生後、すぐに遺体を安置し廟を建立して祀ったのが蚵仔寮開基万善祠、そして蚵仔寮から分霊して建立されたのが金湖万善爺廟《きんこまんぜんやびょう》である。二つの廟は毎年、大洪水が起きた旧暦6月7、8日にそれぞれ牽水状《けんすいじょう》と呼ばれる儀式を行う。災害後、当時はDNA鑑定等の技術もなく家族の遺体を識別できなかった村人たちは、牽水状の儀式を通して災害に遭って亡くなった魂を悼み、成仏させようとしてきた。当時家族を喪った村民はすでにこの世にいないが、口湖住民の祖先の多くがその災害に関係している。

人の記憶には限りがある。家族を喪うというきわめて大きな痛みや、家族が壊滅してしまう悲劇などを実際に経験したとしても、そのほとんどは時間の経過に従って記憶の奥底に沈潜し、多くの人は心が整理されて次第に立ち直っていく。悲しい気持ちや実際に遭遇した痛みに対して、時間はつねにそれらを和らげてくれる。このような状況はむろん台湾だけではない。隣国日本でも2011年3月11日、東北地方近海で発生した地震による東日本大震災は、第二次大戦以降現在に至るまで、日本において最も大きな災害であり、死者1万5899人、行方不明者2529人のほか、多くの負傷者、建物被害を出した。

今日でも被災者として暮らす人々がおり、その生活は日常に戻ったとはいえない。残酷な災害発生から今日まで十年足らずであるが、メディアや政府、社会の各界がこの災害がもたらした教訓と痛みの記憶を残し、時間の流れによって風化したり忘れられないように惜しみない努力を傾けている。しかし実際、災害の記憶は、当時被災した人々が受けた痛みとは大きな違いがあるように思われる。

記憶というものは、残念ながら個人の記憶を超えて長い間持続させることは通常できない。大災害発生後、恒久的な記念碑や祈念塔を建てて、定期的に関連する宗教儀礼を行い、死者を追悼したり、災害を忘れずに記念し想起することが、今日人々が災害に対してとりうる一般的な方策である。

2　繰り返される牽水状儀式と災害の記憶装置

2.1　儀式の概要

口湖は、台湾中西部の雲林県に位置する海沿いの村である。毎年旧暦6月7日になると、台湾海峡に面した西海岸沿いに散らばる僻地特有の漁村では、災害に襲われて亡くなった人々の霊を祀った廟に住民たちが集まってくる。産業が没落して衰退しているこの村で、特別なことは何もない平凡な日常から一転して盛大な祭りが行われる。さらに重要なことは、旧暦6月8日の洪水で亡くなった霊魂を成仏させるために、水状《すいじょう》を用いた宗教儀礼が執り行われる。

写真特 .1　金湖万善爺廟の牽水状儀式（台湾・雲林県金湖 2018. 7. 20 筆者撮影）

水状とは竹と紙で作り、中心に軸を立てて回転する長筒状の飾り物（直径30センチ、高さ1メートル位）で、水に溺れて亡くなった霊を吸い上げ、浄化させて成仏させるための祭祀用具である（写真特・1）。昔はすべて手作りであったが、今は購入された水状数千本が、儀式の会場に所狭しと並べられている。儀式では、人々はこれらの水状を手で回して歩く。この動作は、当時海で溺死した霊魂を岸に引き揚げて救済することを象徴する。そして銅鑼や太鼓がけたたましく叩かれる。

7日は道士（道教の神職）が霊を済度するために、「走赦馬」という儀礼を行い、死者の魂が罪を許され往生できるよう神に祈る。

8日は、万善爺廟に水状がずらりと並べられ、幡《ばん》を持つ道士が「起水状」儀式を行う。

それから、村人や信徒が会場に入り、順序通りに水状を回しながら歩く。一回り、また一回りと回していくうちに、村人の誰かは決まっていないが突然その速度を上げ、普通ではない身体の反応が出現する。当時溺死した被災者の魂が水状を牽《ひ》く者の身体に降り、トランス状態となる。この時、平凡に見えるこの村人は冒頭に示したように、憑依して突然天を仰いで咆哮したり、大男のような行動を取り始める。その村人はそのまま水状を引き抜いて舞い踊り、儀式の会場そばにある万善爺廟に向かって駆け出す。廟に入り、帰趨の儀礼的所作（お祓いの儀式）によって清められると、何事もなかったように平常時に戻る。その間の記憶はなく、服は一部破れ、血が滴っている様子を見てはじめて、何事が起こったのか気づくのである。

村人はわざわざ不浄仏に近づいていくが、被災者の霊が神霊として廟に祀られていることで、このように帰趨する行為がなされる。これは亡くなった被災者にとって最大の救いであると村人たちは考えていることが、特徴的である。

このような儀式が毎年繰り返し行われるが、それでも水状を牽いて憑依状態になる人が現れると、会場は騒ぎとなる。毎年、数人の村人が水状を牽いて霊に憑依され、大声で咆哮したり泣き声を上げたりする。村人の顔には苦悶の表情が浮かび、さらには村人の口を借りて海底に沈んだ霊が成仏できない苦しみ、また無念の想いが語られたりすることもある。これらの不思議で特異な一連の事象は、被災者の霊が牽水状儀式を通じて陸に上がって水難の苦しみから済度され昇天することで、ほとんどの村人に安心と慰めを感じさせるのである。

2.2　儀礼文化の伝承

牽水状儀式は日本の植民地統治時代を含めて１７５年間途切れたことがなく、現在まで毎年行われてきた。しかし、牽水状だけで当時の水難者たちを成仏させたとするならば、毎年廟が準備する千本以上の水状から、災害発生から今日まで単純に計算しても百年以上の牽水状儀式ですでに10万人以上の霊魂を救っていることになる。その数は道光25年の災害の死者数を大きく上回ることになる。そう、数値上は儀礼を終了してもおかしくない。それにもかかわらず毎年のように今も続いている。これほど長い間水状を牽いても、被災した霊はまだすべて救われないのだろうか。これはどう説明できるだろうか。

しかし、村人に尋ねても合理的な説明は難しいようである。ある長老はまだ引き揚げられていない霊がいるかもしれないことを心配して、口湖の牽水状儀式は続けなければならないと言う。つまり、いま宗教儀礼をやめてしまうことで、何かよからぬことが自分たちに降りかかってくる責を負いたくない村人たちの心情が透けて見える。

すなわち、牽水状儀式が最も盛大に行われている金湖万善爺廟と、この伝統が最も長く続いている蚶仔寮開基万善祠のそれぞれの儀式において、村人が何人か憑依状態となるのは、この災害の記憶が臨場感と新鮮な感覚を保ちながら百年以上をはるかに超えて受け継がれ、19世紀半ばの災害によって住民が受けた痛みの事実喚起を促しているといえる。

そして、もしこれらの人々の身体に降りてきた霊が確かに金湖大洪水で亡くなった人々ならば、百年以上前と今日の儀式に参列した人々それぞれの感情と見方には、きっと大きな違いがあるはずである。普通の理屈で考えれば、災害に近い年代では、近親者が被災して亡くなった悲しみは牽水状儀式で人々の身体に投射しやすいが、現在の牽水状儀式は当時被災した霊を引っ張ったとしても、近親者が亡くなった悲しみの感情は、すでに百年以上の時空の積み重ねにより、薄れているはずである。逆にそれが大いなる慈愛に変化して、史上最大の災害で亡くなった霊たちをすべて広義の祖先、地域の守護神と見なす転換が見られる。

2.3　近年の祭りの変化

毎年災害の発生した日付の旧暦6月7、8日、蚶仔寮開基万善祠と金湖万善爺廟では、牽水状儀式を

写真特.2　蚶仔寮開基万善祠の水状焼き（雲林県口湖 2019. 7. 10 金菱清撮影）

写真特.3　金湖万善爺廟の灯籠流し（雲林県金湖 2019. 7. 9 同上）

はじめとして、灯籠流し、済度儀礼、宗教祭祀などの行事が盛大に行われる（写真特・2、特・3）。当時の被災状態が最も悲惨な地区に建てられた蚶仔寮開基万善祠は、牽水状儀式を伝承している。また、蚶仔寮から分霊して被災後の移住先に建立された金湖万善爺廟も、牽水状儀式の伝統を維持している。とくに規模の大きい村に位置する金湖万善爺廟は、祭りや行事の派手さは随一である。それに対して、蚶仔寮開基万善祠は「開基」という言葉を強調し、水難者の霊によって成立した信仰の原点と位置づけられている。

一方、下寮仔地区は被災していないが、他の場所から流れてきた水難者の遺体を埋葬した墓所（下寮仔万善爺廟の前身）が存在していた。そのため、下寮仔万善爺廟は祭りの時期に被災者たちを成仏させる儀式は行わず、供物を準備し、酒を注ぎ、線香を焚くのである（写真特・4）。

当時のそれぞれの地域の被災状況と現在の特徴は、互いに対立しつつ、調和していくことによって災害の記憶を長く伝える効果を果たしていると考えてよいのだろうか。しかし２０１０年に国の重要民俗文化財に指定される以前にこの儀式が外部の者に与えた印象は、雲林北港の媽《ま》祖祭《そさい》、屏東《へいとう》東港の王爺祭《おうやさい》の賑やかさや華やかさとは全く異なるものであった。

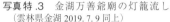

写真特.4　下寮仔万善爺廟の万人塚とまつり行列（雲林県四湖郷 2018. 7. 19 同上）

長年、蚶仔寮開基万善祠の牽水状儀式を取り仕切ってきた道長の李東芳氏は、近年の祭りの変化について、彼が若かった頃は「牽水状儀式をするたびにまるでお葬式のように人々の泣き声が聞こえ、儀式の雰囲気は重々しかった」と振り返っている。毎年災害が発生した旧暦6月7日、8日に行う祭りは、家族を失った人々にとって追悼の意味がある。

１７５年前の災害から10年、20年、50年が過ぎ、さらには百年から今に至るまで、あの災害によって生じた悲しみの雰囲気は、時間による感情の風化によって忘れ去られようとしており、牽水状儀式の規模も徐々に縮小して、さらには終幕へ向かっているようにみえる。しかし、毎年の牽水状で見られる、憑依した村人は時空を超えて、災害発生当時の「使者」として、はるか遠く過ぎ去った災害の記憶を引き寄せている。口湖に伝わる牽水状の儀式は被災した時から今日まで時空を超えてしっかりと記憶をつなぎとめており、祭りの儀式を通じて災害を代々記憶していく特異な例となっている。

近年この祭りの性質として、被災者の追悼に加えて、天が人を憐れむ宗教的な慈悲の観念が形成されようとしている。儀礼の伝承のより重要な意義は、現地特有の自然環境に起因する災害の多い社会状況にある。現地では道光25年の大洪水だけではなく、大小の海難事故が頻繁に起きて多くの人々が亡くなっている。これらの悲しみの記憶の伝承と宗教儀式の必要性が、現地の自然環境の特徴と大規模な祭りの儀式に加わり、口湖牽水状儀式独特の文化的雰囲気が形成された。それを次節で見ていこう。

3　魔の海との共存と闘いの宿命

3.1　女学生の水難事故

口湖一帯の歴史を振り返ると、雲林口湖、四湖等の沿岸地域は少なくとも日本統治時代から水難事故が頻発している。雲林沿岸の過去の記憶をたどるとまず驚かされるのが、日本統治時代末期の1939（昭和14）年、水遊びをしていた女学生の事故である。これにより雲林沿岸は、当時のメディアによって「魔海」の悪名をつけられることになった（台湾日日新報 1939. 7. 28）。

1939年7月13日、嘉義高等女学校の200名あまりの学生と教師が四湖三条崙《さんじょうろん》海水浴場に遊びに来た時に、この水難事故は起きた。この海水浴場は当時規模の大きい有名なレジャースポットで、午後3時、学生たちが海水浴場で泳いでいると突然気象が変わり、暴風雨となって数十名の学生が逃げ遅れ、沖に流されてしまった。岸辺にいた教師たちと救助員はすぐに救援に向かい、続いて地元の警察捜索隊も出動して連夜捜索と救助が続けられたが、最終的に13名の女学生が溺死する事故となってしまった（台湾日日新報 1939. 7. 15）。多くの学生が亡くなったこの水難事故は当時の社会を震撼させ、校長が辞職しただけではなく、政府当局も水遊びの安全性を積極的に検討した。地元では学生の溺死事故が起きてから間もなく、海水浴場付近で不思議な事件がよく起きるという噂が立った。たとえば夜、海沿いに女性の泣き声が聞こえたり、事件現場付近で女の人影が見られることもあった。さらに四湖三条崙の廟が発起して、施餓鬼の法要が執り行われ、地域の平安が祈られた。

3.2　戦後の海難事故

戦後、この海峡はさらに荒れ、当時発行された『聯合報』の「魚がいても漁がしづらく、海峡の風と波が竹の筏を襲った」という報道からもわかるように、海上の気象条件が不安定であるだけではなく、現地の生活条件と経済状況が悪いために、多くの漁民が新しい漁船や漁具を購入する資本を持ちづらいことがあった。簡単な竹の筏と漁具で海に出て漁をすれば、気象の影響を容易に受けて海難事故が発生しやすくなってしまう。大波やサメに襲われて船が転覆する、悲しい事故がよく起きていた。このことから、口湖一帯はもともと気象のひどい海域であるだけではなく、漁民の劣悪な経済状況も事故のリスクを高めていた（聯合報 1952. 12. 13）。

1956年11月、口湖近隣の南方海域では、出漁した漁民の竹筏が強い季節風を受けて転覆した海難事故があった。不幸にも20名の漁民が海に落ち、そのうち4名が行方不明となった。それから間もない1962年、地元で再び海難事故の悲劇が発生し、当時の新聞は「ボラ最盛期の悲劇　台西の季節風で船が転覆し、30名が行方不明、5名が死亡　雲嘉から船を派遣して海上を捜索」とこの事故を報道している（聯合報 1962. 1. 2）。この時は台西郷、四湖郷からボラ漁に出た22隻の船が暴風雨に遭って沈没6隻、転覆10隻、破損6隻、32名の漁民が生還した。捜索救助活動により、事件発生から10数日後に外傘《がいさん》頂洲《ちょうす》（口湖沖の島）の砂浜から2体の遺体が掘り出され、計30名以上の漁民が海に葬られた海難事故となった。

しかし、この海が雲林沿岸の人々にもたらした痛みはこれで終わりではなかった。1962年の大きな海難事故発生から満10年が過ぎた1972年12月、四湖三条崙からボラ漁に出た漁船が、口湖海域南側の布袋港沖で重大な海難事故に遭い、45名の漁民が命を落とした（聯合報 1972. 12. 15）。これは戦後最大の船難といえる。『聯合報』には「嘉義県布袋港沖で発生した海難事故により、漁船が沈没、漁民が行方不明となった。今日四湖、口湖両区の漁業組合が調査したところによると、遭難した漁船は13隻、死亡および行方不明となった漁民は45人、21人の漁民が生還した」（同上）等の事故の具体的な情報が掲載されている。

その話によれば、当時出漁していた船は雲林の四湖沖で漁をしていたが、海上で突然12級（風速33〜37メートル）の突風が吹き、簡便な船は大波に飲まれてしまい、45名の犠牲者を生むという痛ましい結果となった。これにより数十もの家庭が壊され、家族と死別したのである。この災難によって地元住民は百年以上続いてきた漁による暮らしをあきらめ、生け簀による養殖や農業へと転向を余儀なくされた。このような重大な災害の発生により、住民は生業の転換というリスクを冒すことを決意した。海難事故が頻繁に発生し、かつ一晩の間に45名の命を失ったことは、地元住民の心に大きな恐怖をもたらしたことは想像に難くない。このようにして家族や友人を失ったり、災難の陰で生活する人々にとって、救難や災害処理などの現実面だけではなく、精神面の手当て、特に遺体を手厚く葬ることや臨終の場所を設けることなどに表れる、漢人社会の伝統的な死生観は、海難事故が頻繁に発生する雲林沿岸の社会状況の下で、共通の霊性の問題である。

4　重大な海水逆流の悪夢が再び――ウェイン台風

口湖、四湖住民が危険で変化の激しい海と共存する闘いは、１９７２年の痛ましい船難では終わらず、１９８６年8月、史上最大の瞬間風速17級（風速56～61メートル）のウェイン台風（台風5号、日本では台風14号）に襲われた。ウェインという名の台風は西南沿岸から上陸し、20日以上も停滞した。この台風は風速だけではなく、来襲時間、影響した地域などいずれも史上まれに見るもので、特に雲林沿岸一帯に金湖大洪水の再来のような海水の逆流をもたらした。百年以上の時を経て、全台湾に重大な被害を与え、台風による死者68人、行方不明者19人、全壊家屋６６２４棟、半壊家屋3万１５３２棟という重大な災害となった。このうち、全台湾で最も被害が甚大だったのが、雲林県口湖郷であった。海に面した台子村と水井村等では海水の逆流がひどく、金湖地区も積水（溢れ出した水）が顕著で、水が引いた後に7体の遺体が発見された（聯合報 1986. 8. 23）。同時にこの災難に続いて、口湖村は海水の逆流によって重大な被害をこうむることになった。この地域から外傘頂洲へ働きに行った人は、この台風襲来により26人が亡くなり、3人が行方不明となる悲劇となった（聯合報 1986. 8. 24）。ウェイン台風による死者の半数は、口湖の人々であった。

１９８６年のウェイン台風は、台湾の気象観測史上初めて台湾中部に上陸した台風であった。その上陸時間はちょうど旧暦の中元節（7月15日、西暦8月20日）前後で満潮にあたる時であった。20世紀末に起きたこの自然災害は、１４１年前に高潮災害によって数千人が犠牲となった痛ましい歴史を思い起こさせるのに十分であった。避けられない水難は口湖一帯に拭い去ることのできない宿命となって立ち現れる。民間信仰では、牽水状は水難で亡くなった霊魂を苦痛から解放して極楽へ往生させると考える一方で、牽水状を伝承する意義は、大災難から生還した者が行う集合的慰霊であるため、牽水状儀式は、凄惨さや悲しみが現れる祭りとなってきたのである。

5　異なる角度から見た口湖牽水状と災害の課題

5.1　洪水、水難両方の霊を祀る

２０１６年、私は金菱清教授と金菱ゼミナールの学生たちを率いて口湖に入り、災害発生の歴史の遺跡を現地調査し、地元の伝承者を訪問した。２０１８年には儀礼の完全な現地調査を行い、この災害の記憶と儀礼が表現する一連の事象について考察した。東日本大震災発生から今日まで十年に満たないが、この災害の新しさ、巨大さ、多様さ、リアルの全貌も、18世紀半ばの清朝統治下の僻地であった台湾中西部沿岸で大洪水が発生し数千名の死傷者を出した雲林口湖の災害の全貌のいずれも、理解することは困難である。災害の歴史、痛ましい被災の状況など、この災害の特殊性が当時の皇帝を驚かせたことが、清朝の数編の文書からもうかがえる。口湖牽水状の祭りが幸いにして途切れることなく続いてきたが、たとえそうであっても、百年以上前の災害の記憶がどのように想起され、伝承されるかという意義は、後世の人々の防災意識に注意を促すだけでなく、そこで暮らす人々に集合的、精神的慰めを提供することにある。

道光25年に驚天動地の大洪水に襲われ、難を逃れた口湖住民の祖先たちも、家族を喪った苦しみと痛みに向き合わなければならなかった。災害の生存者には亡くなった者に対する戸惑いや罪責感が生まれやすい。このことは過去の災害時にいつも無視されてきた。毎年災害に遭った同じ日に、死者が葬られた祠の前で、盛大に慰霊の祭りを行うことで、不幸にも犠牲となった霊を受難の苦しみから解放する。さらに祠を設けて永遠に祭祀を続けるという台湾漢人社会の伝統や風習によって、多くの被災者が神霊として祀られることになった。

さらに清朝皇帝が「万善同帰」と勅封したことで、その後も水難、海難事故によって亡くなった人々の霊魂が正神としての神格を得ることになった。この民間信仰における神格への昇華は生き残った人々の心にある罪責感を慰撫し、神となった霊魂は生者を祟る亡霊から、郷土の人々を守る正神となったのである。前述した通り、当時の被災者のすべてが成仏したら儀礼は終わるはずである。現地の長老たちの見方は、まだ漏れている者が多くいるかもしれないというものであった。ある人は、牽水状儀式は道光25年の大洪水だけではなく、その後の水難、海難事故で亡くなった魂を広く成仏させることができると話していた。

口湖、四湖一帯は頻繁に水難が起きている歴史からもわかる通り、これは口湖、四湖の土地が水難と密接に関係しており、現地では百年以上も水難に見舞われている。一方、別の角度から見ると、現地の環境が洪水防止に不利であり、さらに自然条件によって強風と大波が起きやすい口湖近海の特徴があり、つねに洪水と水難を切り離すことができない関係を形づくっていた。この環境の下、地元住民の多くが中国泉州からの移民であるために、溺死した霊を成仏させる牽水状という特有の宗教儀礼がこの地にもたらされたのである。

振り返るとほぼ十年ごとに一度の頻度で、痛ましい水難、海難事故が発生している。水難が起きるたびに多くの死傷者が出る。この死別の悲しみに向き合うのは、すでに被災者の家族だけではない。そのため霊を祀った万善爺と開基万善祠の二つの廟と遺体を埋葬した下寮仔万善爺廟を参拝し、牽水状儀式に参列することは、口湖の沿岸住民にとって重要な儀礼の習俗となっている。

地元には近年水難で家族を喪った住民たちもいる。毎年旧暦6月の祭りの期間にここへ来て祭祀に参列し、牽水状、供水状儀式によって亡くなった者を成仏させ、済度に導くという宗教的目的を果たす。さらに災害の多い口湖の地元住民から見れば、牽水状儀式が代々続くことは被災の感情を鎮める働きがあり、民間信仰における慰霊を実現している。

5.2 牽水状儀式の発展

1970年代になると口湖、四湖一帯の住民の経済状況は改善し、生活環境も向上した。一方で蚶仔寮開基万善祠、金湖万善爺廟は寺廟建築と主祭神の神格に明らかな変化が生じた。もう一つ、政府と地元住民も口湖牽水状の祭りをこの地域の特色ある文化・風習として注目してこれを普及したことも、口湖牽水状の祭りの意義の変容を加速した。

2008年に口湖牽水状が雲林県の登録民俗文化財となり、2010年より台湾の国指定重要民俗文化財第三号となり、本来は地元の宗教儀礼にすぎなかったものが、文化的保存価値を有する国の指定重要民俗文化財となったことも、災害の記憶を伝承する祭りが文化遺産化した表れであり、21世紀における牽水状儀式のもう一つの発展の道筋となった。

毎年旧暦6月7日、8日の牽水状儀式にはさまざまな場所から信徒がやってくる。その多くは道光25年の大洪水の被災者に対して追悼の思いを持つ人々である。同様に戦後、漁に出て海難事故に遭った漁民の魂も、牽水状儀式を行うことで救いを得る。事故発生から今日まであまり時間が経っていないことから、被災して家族を失った人に対して参列者たちが抱く悲しみと憐れみの感情も、牽水状儀式が時を経ても新しく、時間によって風化せず、生命力に満ちた伝承を続ける鍵となっている。数千本もの牽水状は、大洪水という過去との結縁、さらに地縁に基づく水難慰霊の儀礼文化を伝承し、災害の記憶装置としての性格を築いている。

参考文献

黄文博 2005『金湖港牽水車藏』旧金湖港蚶仔寮開基萬善祠管理委員会
曾人口 2008『金湖萬善同歸誌』金湖萬善爺廟管理委員会
林衡道 1971「雲林縣口湖郷的風俗」『台湾文献』22(4):53-58
李豊楙 2008『雲林県牽水車藏民俗祭典調査研究計画結案報告』雲林県政府文化処
山口弥一郎 2011『津浪と村』三弥井書店
柳田国男 2011『雪国の春――柳田国男が歩いた東北』角川ソフィア文庫
台湾日日新報 1939.7.14「嘉義高女の生徒ら　水泳中激浪の犠牲　溺死三名、行方不明十名」
台湾日日新報 1939.7.28「魔の海で施餓鬼　三條崙の更生策」

聯合報 1952.12.13「見魚難下網。急煞漁夫 海峽風浪緊。怒擊竹筏」
聯合報 1962.1.2「雲林罹難漁民 埋屍外傘頂灘」
聯合報 1972.12.15「布袋港外海難災情慘重遇難漁船十又三艘 四十五人失蹤死亡」
聯合報 1986.8.24「外傘頂洲作業・驚濤駭浪突襲 可憐蚵寮村民・十死十八失蹤」

あとがき

金菱ゼミナール学生代表　石田　晃大

行方不明者遺族の方は、家族が生きているのかそれとも亡くなっているのかわからない状態に、長期にわたって追い込まれている。生きていてほしいと思うが、そう考えてしまうとつらくなる。だからといって亡くなってしまっていると考えるとそれで気が滅入ってしまう。どちらが正解かどうかはわかるはずもなく、誰も答えを教えてくれないままである。なぜ私だけがこんな運命を背負わなければならないのか、なにか悪いことでもしたのだろうか。それすらも答えの出ない問いかけであろう。いっそ、どのしがらみからも逃げてしまって、何も考えなかったら楽だろうに、そんなことばかりを考える日々を過ごしている当事者の方もおられる。

二年かけたテーマであったが、まず私たちは、震災と行方不明というものを理解するまでに時間を要した。「行方不明とは何なのか」に焦点を当てた論文や新聞記事などを調べ、行方不明というものの大まかなイメージを作っていった。しかし、論文や新聞記事の量が少ないうえに、そもそもの行方不明の概念が掴みづらいなどの理由から、どこか「行方不明＝タブーなもの、スポットライトが当たりづらい」のではないかと思い始めたのである。

まず一番の大きな壁は、「調査をする相手を探す」ことが困難であった。情報が少ないうえに、ゼミ生それぞれのテーマに合った調査対象者を見つけるということは、そう簡単なものではなかった。仮に見つけても断られたり、お叱りを受けることさえあったのも事実である。被災地ではストレートな問いを発した途端に「不謹慎」だとか「何を考えているんだ」などのお叱りを受けた。もちろん調査不足もあるが、「行方不明」それ自体が社会的に隠されたものとして扱われているという要因があった。

私たちは可能なかぎり「震災行方不明者の遺族の方いませんか？　できれば紹介してほしいのですが」という質問を、被災地や被災地出身の知り合いの方などに試みてきた。だが、返ってきた答えは以下のようなものだった。

「僕の知り合いにはそういった方はいなかったな。いることはいたけど、そういうことは触れたことないから、紹介できそうにないな」（20代男性　陸前高田出身）

「行方不明者の遺族を紹介しろ？　調子に乗っているのか？」（20代男性　南三陸町）

「見つかっている人ならまだしも、見つかってない人はちょっとね」（40代女性　東松島市）

一筋縄でいかないことは予想の範疇ではあったが、それにしても先は見えなかった。私たちが行っていることは本当に正しいことなのだろうかと悩んだ時もあったが、そのような時は、決まって金菱ゼミナールに入ることになった動機を思い出した。私たちが住む土地で何が起こり、そこに何があったのかを知る必要があったからである。私たちは正直に気持ちを伝えることしかできなかったが、私たちは真正面にそれに向き合うしかないのだという原点に立ち返った。その結果、私たちの想いが伝わり、調査に協力してくださるご遺族の方が徐々に現れてきたのである。

私たちのほとんどが経験していないので、当初、行方不明というものが遠い存在であったことは正直に告白しておこうと思う。遺族のみならず震災を含めた「行方不明」とは何かについて、私たちは調査を重ねてきた。しかしそこにあった現実は、社会からタブー視され、今まで誰にも相談することができなかった、遺族による声にならない声であった。行方不明者遺族の気持ちもこれまでずっと迷いがあり、どうすれば良いのか答えを模索している最中であった。

行方不明とは何かという答えについては見つかるはずもなかった。もはや、答えがないこと自体が行方不明という大きな問題なのではないかということに気づき始めた。行方不明者遺族は、行方不明とどう向き合って生きているのかをもっと表に出さなくてはいけない。そしてそれは、行方不明者遺族に限られるものではない。

私が調査をした福島第一原子力発電所の爆発事故により、農業や酪農の生業を失った人も、これからの人生をどう歩んでいこうかと模索中であった。行方不明に対してのあり方は千差万別であるがそれはすべて、遺族が生きるために前を向くために考え抜いた工夫である。もちろん、本書で書かれたことは「行方不明」ということについてほんの一部の声にしか過ぎないかもしれない。

しかしこの声は、時に関係のないと思っていた私たちの日常生活にも隣り合った問題であることも実感した。つまり、行方不明はある水準で、身近な自分事としてもとらえることが可能なのである。

大学生の私は、ある部活動に所属していたのだが、ある時どうしようもない壁にぶつかることになる。それが調査をしていた行方不明の問題と共振をする経験をしたのである。それは、週6回ものほぼ毎日の部活動で、授業と部活の日々であったが、大学2年生の時に現在のゼミに所属が決まった。部活動に劣らずハードなゼミ活動であった。

毎回の遠方の調査やそのまとめ、執筆活動で多忙となり、徐々に部活に足が遠のくことになってきたのである。それでも両立を図ろうとしたが、周りの先輩から「今年は選手無理だな」と言われたり、他所から部活は辞めることができると説明されたり、心が折られることで兵糧攻めのような形で徐々に追い詰められていった。その事を相談したとしても自分の身勝手だと言い放たれ、解決手段として部活を辞めることも考えていた。

しかし簡単に辞めることも叶わず、辞めることは筋違いであると、結局のところゼミと部活動のダブルバインド状態がずいぶん長く続くこととなった。その心境が、自分が聞き取りをしていた元牛飼いの人の感情のもちどころと重なってくることがあった。一筋縄ではいかず決められないとはこのことなのかと、腑に落ちたことがあった。

つまり、この時の心情は、どちらも大事なはずなのに、どちらかを諦めなければならないという悔しさだった。そしてその悔しさは、誰にも理解してもらうことはできない孤独なものである。それ以降、ひとりでずっと抱え込むことになった。一方を選べば他方を裏切ることになってしまうという葛藤は、解決の糸口が見つかるはずもなく、やがて沈黙を強いられるようになった。

「私なら学生時代はお前よりも頑張っていた」と求められる一方で、私の先生である金菱先生や友人に話した時に、自分の考えを理解してくれて、共感というものが得られた。私はこのとき、ただただ自分の気持ちを理解、共感してくれる人を探していたのかもしれない。人は、たとえば自死する時も、ただ死にたいのではない。この世の中が生きづらくなり死を選んでしまう。その前に共感してくれる人がいれば、きっとその命をつなぎとめてくれるだろう。

この震災を境に、行方不明者遺族もそれ以外の人も、それぞれの遺族が葛藤を抱えている。きっとその苦しみを誰かに話し、それに共感できる人がいれば、もう少し安堵できただろうにとふと思うことがある。私たちは、ご遺族の方の話を聞き、心から震災復興の難しさを思い知らされた。しかし、ご遺族の方から、「本当は自分で本を書きたいんだ。でも、私にはできないからあなたが代わりにこれらのことを書いてほしい。それを記録して後世に残していってほしいんだ」という声もいただいた。

私たちはその声をひとりでも多くの人に伝え、また同じような心情を抱えている当事者に理屈としてではなく、心持ちとして伝わるのであれば、このプロジェクトは成功したのではないかと思う。私たちの役割がそこにあるのではないかと願う。

編者付記

以下の助成金により本書の調査・編集を進めることができた。

平成31年度文部科学省科学研究費補助金基盤研究C（代表者：金菱清）「〈いま・ここ〉に死者が共存する災害社会学研究」（課題番号19K02083）

平成30年度東北学院大学学長助成金（震災・原発・地域に関わる研究・活動）（代表：金菱清）「災害文化の継承と霊性の震災学」

２０１８年度日本経済研究センター研究奨励金（代表：金菱清）「東日本大震災における死の受容と悲嘆経験の克服のための体系的手法に関する災害社会学的研究」

執筆者紹介

東北学院大学　震災の記録プロジェクト（金菱清ゼミナール）

新野　夢乃（にいの・ゆめの）　第1章
関　颯都（せき・はやと）　第2章
牧野　大輔（まきの・だいすけ）　第3章
福田　浩也（ふくだ・ひろや）　第4章
雁部那由多（がんべ・なゆた）　第5章
茂木　大地（もぎ・だいち）　第6章
松永祐太朗（まつなが・ゆうたろう）　第7章
本田　賢太（ほんだ・けんた）　第8章
石田　晃大（いしだ・こうだい）　第10章，第11章
伊藤　理南（いとう・りな）　第11章
蛭田　優介（ひるた・ゆうすけ）　第11章
野尻　航平（のじり・こうへい）　第12章

庄司　貴俊（しょうじ・たかとし）　第9章

東北学院大学大学院人間情報学研究科博士後期課程修了　博士（学術）
現在　東北学院大学非常勤講師，山形県立米沢女子短期大学非常勤講師
専攻　社会学，環境社会学，災害社会学
主論文　「原発被災地で〈住民になる〉論理 ── なぜ農地への働きかけは事故以前と同じ周期リズムで続けるのか」『環境社会学研究』24号：106-20, 2018;「原発被災地において農地の外観を保つ理由 ── 福島県南相馬市X集落の事例」『社会学研究』103号:165-87, 2019.

林　承緯（りん・しょうい）　特別寄稿

大阪大学大学院文学研究科博士後期課程修了　博士（文学）
現在　国立台北芸術大学文化資源学院院長（代理），台湾文化部重要民俗文化財審議委員，日本民俗学会国際交流特別委員，京都民俗学会理事など
専攻　民俗学，文化資源論
主著　『宗教造形与民俗伝承』芸術家出版社 2012;『日本の祭 ── 魂と美の再発見（信仰的開花 ── 日本祭典導覧）』遠足文化事業股份有限公司 2017;『台湾民俗学的建構 ── 行為傳承，信仰傳承，文化資産』玉山社 2018

編者紹介

金菱　清（かねびし・きよし）　　まえがき

1975 年　大阪生まれ
関西学院大学大学院社会学研究科博士後期課程単位取得退学　社会学博士
現在　東北学院大学教養学部地域構想学科教授
(2020 年 4 月より　関西学院大学社会学部教授)
専攻　環境社会学・災害社会学
主著　『生きられた法の社会学 ── 伊丹空港「不法占拠」はなぜ補償されたのか』新曜社 2008（第 8 回日本社会学会奨励賞著書の部);『3.11 慟哭の記録 ── 71 人が体感した大津波・原発・巨大地震』(編著) 新曜社 2012（第 9 回出版梓会新聞社学芸文化賞);『千年災禍の海辺学 ── なぜそれでも人は海で暮らすのか』(編著) 生活書院 2013;『新体感する社会学 ── Oh! My Sociology』新曜社 2014;『震災メメントモリ ── 第二の津波に抗して』新曜社 2014;『反福祉論 ── 新時代のセーフティーネットを求めて』(共著) ちくま新書 2014;『呼び覚まされる霊性の震災学 ── 3.11 生と死のはざまで』(編著) 新曜社 2016;『震災学入門 ── 死生観からの社会構想』ちくま新書 2016;『悲愛 ── あの日のあなたへ手紙をつづる』(編著) 新曜社 2017;『私の夢まで、会いに来てくれた ── 3・11 亡き人とのそれから』(編著) 朝日新聞出版 2018;『3.11 霊性に抱かれて ── 魂といのちの生かされ方』(編著) 新曜社 2018; 令和元年度社会調査協会賞（優秀研究活動賞）受賞 ;『災害社会学』放送大学教育振興会 2020

新曜社
震災と行方不明
曖昧な喪失と受容の物語

初版第 1 刷発行　2020 年 3 月 11 日

編　者　東北学院大学震災の記録プロジェクト
　　　　金菱　清（ゼミナール）
発行者　塩浦　暲
発行所　株式会社　新曜社
　　　　101-0051　東京都千代田区神田神保町 3-9
　　　　電話 03（3264）4973（代）・FAX03（3239）2958
　　　　E-mail：info@shin-yo-sha.co.jp
　　　　URL：http://www.shin-yo-sha.co.jp
印　刷　長野印刷商工（株）
製　本　積信堂

ISBN978-4-7885-1671-7 C1036

3・11霊性に抱かれて　魂といのちの生かされ方

東北学院大学 震災の記録プロジェクト　金菱清（ゼミナール）編

四六判並製192頁・1800円

悲愛　あの日のあなたへ手紙をつづる

金菱　清　編　東北学院大学 震災の記録プロジェクト

四六変型240頁・2000円

呼び覚まされる　霊性の震災学　3・11生と死のはざまで

東北学院大学 震災の記録プロジェクト　金菱清（ゼミナール）編

四六判並製200頁・2200円

震災メメントモリ　第二の津波に抗して

金菱　清　著

四六判上製272頁・2400円

3・11慟哭の記録　71人が体感した大津波・原発・巨大地震

金菱　清　編　東北学院大学 震災の記録プロジェクト

四六判上製560頁・2800円

新　体感する社会学　Oh! My Sociology

金菱　清　著

四六判並製240頁・2200円

生きられた法の社会学　伊丹空港「不法占拠」はなぜ補償されたのか

金菱　清　著

四六判上製264頁・2500円

価格は税抜